KB275639

생각해
봤어?

생각해
봤어?
김현수 지음
동준이의 잠든
메타인지를 깨운
수첩의 비밀
생각
학교

게임만 하던 동준이는

어떻게 자신의 삶을 찾으러 나섰을까?

"꿈이 뭐냐는 질문이 제일 싫어요." 장래 희망을 주제로 한 작문 시간에 어느 학생이 했던 말이다. 학업 성적이 중요한 학교에서 공부가 어려운 학생은 자신의 꿈마저 잃어버리는 것 같아 안타까웠다. 마침 이 학생과 같이 읽고 싶은 책이 출간되어서 기쁘다. 이 책은 하기 싫은 일에 지치고, 꿈이 없다고 초조해하는 청소년들에게 천천히, 그러나 분명한 첫걸음을 내딛는 방법을 알려준다. 이 책과 함께 학생들을 만날 생각을 하니 가슴이 벅차다.

– 푸른솔중학교 교사 이수현

공부를 못하고 싶은 학생은 없다. 단지 공부하는 방법을 모를 뿐이다. 계획과 목표를 거창하게 세우고 시작했다가 멈추거나, '공부'는 어렵고 머리 아픈 일이라고 생각하여 지레 포기하는 학생이 많기 때문이다. 이 책은 누구나 쉽게 공부할 수 있는 마법이 담겨 있다. 바로 '수첩 쓰기'의 마법이다. 그게 뭐 그리 큰 효과가 있을까, 하는 의문이 생긴다면 이 책을 꼭 만나 보길 권한다. 주인공 동준이의 이야기를 따라가다 보면 어느새 메타인지를 깨우고, 스스로 생각하고 미래 계획을 짜는 '나'를 발견할 것이다.

– 서울봉천초등학교 교사 이종필

'성취감이 차곡차곡 쌓여 이제 어떤 일이든 할 수 있겠다는 마음'. 그 마음 근육을 어떻게 자라게 할 수 있을까? 학교 현장에서 만나는 학생들을 볼 때마다 늘 이런 고민을 했지만 뾰족한 해결책을 찾을 수 없었다. 그런데 이 책을 읽는 순간 파바박 불꽃이 일었다. 생각하기와 계획하기! 아주 작은 실천으로도 나를 바꿀 수 있었기 때문이다. 메타인지를 깨우는 다양한 실천 방법이 있어 선생님과 학생들이 함께 읽으면 좋을 책이다.

- 영림중학교 교감 구본희

25년 동안 교사와 장학사로 지내며, 성장하는 아이들에게는 스스로 목표를 세우고, 그 목표를 실행해 보며, 과정을 되돌아보는 성찰의 힘이 중요하다고 느껴 왔다. 이러한 힘을 기르기 위해 메타인지가 필수적이지만, 학생들에게 메타인지의 개념을 이해시키고 실제로 활용하도록 돕는 일은 쉽지 않다. 이 책은 게임만 하던 동준이가 스스로 생각하고 계획하는 아이로 변화해가는 과정을 생동감 있는 이야기로 담고 있다. 자기주도성과 성장을 고민하는 청소년과 그들의 미래를 함께 고민하는 학부모와 교사 여러분께 기쁘게 추천한다.

- 인천광역시 서부교육지원청 장학사 구소희

　사랑하는 청소년 여러분에게 행운을 가져다주는 수첩 하나를 드리고 싶어요. 마법의 수첩이냐고요? 맞아요. 제가 전하고 싶은 행운은 여러분이 수첩에 쓰기 시작하는 순간 찾아옵니다. 그 행운을 꼭 잡으세요.

　이 책은 어떻게 하면 여러분이 행복해질까, 돕고 싶은 마음에서 시작되었어요.

지금 고민이 너무 많지요?

어떻게 살아야 할지,

꿈대로 사는 것이 가능한지

언제쯤 내가 하고 싶은 걸 하고 살 수 있을지 등등.

사람들은 무언가를 향해 가고, 이루기 위해 정말 많이 애쓰는데,

나도 그 무언가에 가 닿을 수 있을지

어떻게 해야 할지 고민되죠?

그 고민을 같이 나누고 싶었어요. 해야만 하는 일은 많은데, 무엇이 중요한지는 결정하기 어렵지요. 순간순간 포기의 유혹이 가득한데, 그렇게 되면 다가올 미래에 나의 자리는 없을 것 같잖아요. 결정은 어렵고, 불안만 커질 때 무엇을 하면 좋을지를 함께 상의하고 싶기도 했어요.

장래 희망이 무엇인지 모르겠다고 답답해하지 말고, 즐겁고 재밌는 일 중에서 하고 싶은 일을 찾아보는 일 또한 돕고 싶었어요.

우리에게 제일 중요한 것은

자신의 가슴으로

자신의 생각으로

자신의 몸으로 살아 보면서

자신의 삶에서 주인이 되는 법을 터득해가는 것이 아닐까요?

하지만 현실은 공부에 대한 고민이 많다 보니 그 중요한 생각조차 하지 못하지요. 학교와 학원을 분주히 오가며 수많은 숙제와 시험에 시달리는 것이 현실이고, 내 삶의 주인이 되기 위해 생각하며 사는 것은 헛된 꿈같아 보이는 거예요.

하지만 공부와 생각하며 사는 것은 반대의 개념이 아니에요. 아마도 둘이 반대라고 생각하는 친구들의 마음 속에는 하나의 공통점이 있을 거예요. 뭘까요? 바로 공부는 나랑 안 맞는다! 아무리 해도 성적이 나오지 않는 공부. 지겹고 귀찮고 그러다 보니 싫어진다. 어때요? 제 이야기가 맞나요?

여러분은 공부를 못하는 게 아니라 방법을 모를 뿐이에요. 여러분에게 추천하고 싶은 방법이 있어요. 나를 중심에 놓고, 생각하면서 공부하기! 이 방법은 절대 어렵지 않아요. 수첩 하나만 있으면 되니까요.

성공하고 행복을 찾은 사람들은 말했어요. 인생을 바꾸는 변화는 작은 실천에서 시작된다고요. 여러분이 수첩을 열어 보는 그 작은 행동에서부터 행운은 찾아올 거예요.

공부에 대한 고민이 많고, 자신의 미래에 대해 답답한 여러분들과 함께 이야기를 나누고 싶어서 이 책을 쓰게 됐어요.

이 책이 어렵지 않기를 바라며, 대화처럼 이어지기를 바라요. 읽고 난 다음에, 여러분 가슴에 혹은 생각에 적어도 한두 가지는 남았으면 해요. 그 정도면 정말 큰 영광이 될 것 같아요.

끝으로, 여러분에게 들려드릴 가장 중요한 이야기! 이 책에서는, 그동안 어렵기만 했던 공부가 너무도 쉬워지는 마법을 득템하게 될 거예요.

귀가 솔깃한가요?

자, 이제 내가 삶의 주인공이 되는 방법을 찾아주는, 자신의 힘으로 생각하는 세계를 만드는 비밀을 찾기 위해 책 속으로 함께 들어가 볼까요?

2025. 12

김현수

차례

추천의글   06

초대의 글   08

1장 세 가지 도전

우스운 시작   18
별빛 따라가기① 짧은 원칙

매시간 한 단어   26
별빛 따라가기② 세 가지 변화   34

일기 두 줄과 내일 할 일 두 가지   34
별빛 따라가기③ 두 번째 변화 │ 별빛 강의① 변화를 만드는 습관

나도 한다면 하는 사람이라고!   44
별빛 강의② 배운 것을 오래 기억하는 방법

2장 역시나 실패, 근데 이 후회는 뭐지?

도전! 계획 세우기   50
별빛 강의③ 목표는 왜? │ 별빛 강의④ 목표는 어떻게?

새로운 깨달음   58

별빛 강의⑤ 포기하지 않는 힘 │ 별빛 체크① 꾸준함을 위한 멘탈 관리

역시나 작심삼일   66

별빛 강의⑥ 매일 조금씩 하기

당일치기의 결말   70

별빛 강의⑦ 공부가 어려운 이유

3장 작심삼일 NO, 3일째 새로 시작!

한 획을 긋다!   78

별빛 강의⑧ 끝까지 해내는 힘, 그릿 │ 별빛 체크② 기억을 되살리기

성공이라는 말   87

별빛 강의⑨ 작은 성공은 어떻게 큰 성공을 부를까? │ 별빛 체크③ 용기를 주는 작은 성공

한 달 반의 도전   95

별빛 따라가기④ 메타인지라고 들어 봤니? │ 별빛 따라가기⑤ 아인슈타인도 어려운 지식 │ 별빛 체크④ 나를 객관적으로 들여다보기

4장 중간고사 대박! 나 이래도 돼?

중간고사에 도전해 볼 사람　106
별빛 강의⑩ 도전자와 도전하지 않는 자의 차이 │ 별빛 체크⑤ 도전에 대한 생각

시험 잘 치는 비결　114
별빛 강의⑪ 낙관적 사고방식

시험공부에도 전략이 있다　122
별빛 체크⑥ 시험이 다가오면 드는 생각

중간고사 대박! 나 이래도 돼?　126
별빛 따라가기⑥ 뇌를 잘 쓰는 방법 │ 별빛 체크⑦ 3의 원리

5장 생각에 대해 생각해 봤니?

너에게 보내는 편지　136

'생각 좀 하고 살아'라는 말　140
별빛 따라가기⑦ 내 생각을 표현하기 │ 별빛 체크⑧ 동준이의 편지를 받았다면?

내가 샘들의 말에 끌린 이유를 알다　149
별빛 따라가기⑧ 천천히 서두른다는 것 │ 별빛 따라가기⑨ 'Slow Learning'이라고 들어 봤니?

6장 포기하지 않을 결심

엄마, 아빠랑 말싸움을 크게 할 줄이야   160
별빛 따라가기⑩ 상위 0.1퍼센트 사람들의 학습 비밀

난 누가 시키면 더 하기 싫다   168
별빛 강의⑫ 스스로 하는 사람들은 무엇이 다를까? │ 별빛 체크⑨ 한번 쉬어 갈까?

왜 우리는 포기를 할까?   176
별빛 강의⑬ 중꺾마라는 말을 아니? │ 별빛 체크⑩ 나는 언제 많이 힘들었을까?

7장 "나는 나이며, 나라서 괜찮다"

책을 읽는 사람이 되었다   186

알을 깨고! 꿈을 찾아?   190
별빛 강의⑭ 정체성이란 무엇일까? │ 별빛 체크⑪ 내 꿈은 어떻게 변해왔을까?

기말고사의 습격, 부담 백배!   205
별빛 따라가기⑪ 너의 잠재력은 충분하다!

부모님의 변신   212
별빛 강의⑮ 왜 내게 변화가 왔을까?

8장 '성장하는 삶'을 가져다준 수첩의 기적

두둥~ 프로젝트 최고의 상은 누구?　220
별빛 강의⑯ 우리 프로젝트가 성공한 이유

방학 전, 마지막 면담　227

나를 성장으로 이끈 것들　232

다른 이유로 달리는 인생에서 꼴찌란 없다　234

작별의 말　238

1장
세 가지 도전

　나는 매일 게임을 하고 살았다. 그것보다 재미있는 건 없었다. 공부는 시키는 대로 했다. 그것만큼 재미없는 건 없었다. 다들 말하듯이 누가 공부를 재미로 하나, 억지로 하는 거지. 그냥 스마트폰 하나면 세상이 살 만해진다. 유튜브와 게임, 그리고 쇼츠와 릴스를 보면서 재미있는 것, 신박한 것을 찾다보면 하루가 어떻게 갔는지도 모르게 지나갔다.

　그런 삶을 살고 있었다.

　그렇다고 내가 공부를 포기한 건 아니다. 나름 성실하다. 학원도 꾸준히 다니고, 학교에서도 특별히 땡땡이를 치거나 크게 말썽을 일으키지도 않는다. 그런데 점점 심해지는 증상이 있다. 갈수록 무기력해지고, 선생님의 설명이 이해도 안 되고, 외워지지도 않는다. 멍해지고 공부할 의욕이 떨어진다.

어느 날 점심 먹고 다음 시간이었다. 무겁게 내려앉는 눈꺼풀과 실랑이 하느라, 뭘 배웠는지도 모르겠다. 그러나 종치면 언제나 가벼워지는 눈을 비비며 화장실을 가려는데, 담임 샘과 마주쳤다.

"동준아, 마침 잘 만났다."

무슨 일이지? 담임 샘이 미소 짓는 걸 보니, 야단맞을 일은 아닌 거 같다.

"학교에서 특별한 프로젝트를 하는데, 네가 딱인 거 같아."

"프로젝트요?"

이거, 무슨 실험 대상이 되는 건가?

"인생 태도를 배우는 프로그램인데, 해 볼래?"

순간, 내 표정이 어두워졌나 보다. 담임 샘이 웃으며 설명했다.

"내가 자세히 들은 건 아니지만, 공부도 하고, 토론도 하는데, 절대로 힘들게는 안 할 거래."

어떻게 공부와 토론이 힘들지 않을 수 있는가. 나도 모르게 가벼운 한숨이 나왔다. 담임 샘은 더 이상 미소 짓지 않고, 이미 결정됐다는 듯 서둘러 말했다.

"너희 엄마도 찬성이래. 삶의 태도가 바뀐다고 하니까, 당연히 해야죠, 하시더라. 첫 모임이 내일인데, 마침 우리 반 교실에서 하기로 했어. 수업 끝나고 그냥 남아 있으면 돼."

담임은 할 말만 하고는, 휙 돌아서 가 버렸다. 아, 잘못 걸렸다.

다음 날 수업이 끝나고 교실에 남아 있으려니 아이들이 모여들었다. 나를 포함해 20여 명이었다. 애들은 어떤 유형인지 딱 보였다. 노는 애들은 아니고, 그냥저냥 성적이 신통치 않은 애들이다. 소위 성적 깔아주는 애들인데, 그렇다고 공부를 완전히 접은 건 아니어서 하는 시늉은 대충 한다. 담임 샘의 기억에서 가물가물한 애들이라고나 할까. 속 썩이지도 않지만 특별히 잘하는 것도 없는, 게임을 좋아하지만 심각한 상태는 아닌, 학교는 나오지만 무기력해 보이는 유령 같은 애들. 모두 생활 태도와 학습 성향이 나와 비슷한 아이들이었다.

잠시 뒤에 젊은 두 샘이 들어왔다. 남자 샘은 정신과 의사라고 자신을 소개했고, 여자 샘은 우리 학교 학생이라면 다 좋아하는 혜진 샘이었다. 혜진 샘은 기초학력을 키울 수 있도록 도와주는데, 무엇보다 예쁘고 친절해서 인기가 많다.

"빨리 집에 가고 싶지? 본론으로 바로 들어갈게."

의사 샘이 말했다. 정신과 의사여서인가 학교에 오래 남아 있는 걸 싫어하는 우리 마음을 아네.

"아주 간단해. 딱 세 가지만 지키면, 너희에게 좋은 일이 많이 생길 거야."

혜진 샘이 미소 지으며 그 세 가지를 칠판에 적었다.

1. 매 수업시간에 우리말로 단어 하나씩 적기

2. 일기 두 줄 쓰기

3. 내일 할 일 두 가지 적기

본론이란 게 숙제부터 내주는 건가? 근데 숙제가 너무 사소해 보였다.

"자, 이건 우리가 만난 기념 선물이야."

의사 샘이 작은 수첩을 나눠 주며 말했다.

"일주일에 두 번 점검해서 성실히 한 친구들에게 문화상품권(이하 '문상'으로 통일)도 제공하고, 아주 잘 해내면 학교에 얘기해서 상장도 줄 거야."

혜진 샘이 말을 이어받았다.

"어떤 내용을 쓰는지는 중요하지 않아. 썼다는 증명만 하면 다 한 걸로 칠게. 그리고 주2회 점검 때마다 시험 잘 보는 법, 성적 올리는 팁도 알려줄게.”

의사 샘이 우리를 보며 자신만만한 표정으로 말했다.

“이것만 잘하면, 공부 안 해도 성적이 오르기 시작할 거야.”

지금 공부를 하는데도 성적이 안 오르는데, 고작 이 세 가지를 한다고 성적이 오른다니 믿을 수 없었다. 하지만 그 누구도 질문하거나 따져 묻지 않았다. 스스로 이 자리에 모인 게 아니어서일까, 모두 덤덤하거나 시큰둥한 반응이었다. 옆반에 심각한 게임중독자 아이가 “문상을 확실히 준대?”라고 물으면서, 엄청 즐겁고 행복한 표정을 지었다.

의사 샘과 혜진 샘은 몇 가지 동의서를 나누어 주었다. 나는 읽기도 귀찮아서 그냥 받자마자 사인을 했다. 이 프로젝트에 이미 부모님은 동의했다고 하니, 내가 안 할 도리도 없다고 생각했다. 그냥 하라면 하는 거지 뭐, 하다 그만두면 어쩔 수 없고.

“이 숙제만 매일 하면 돼. 특별히 공부 더 하라는 소리도 안 할 거야. 그래도 성적은 오른다! 알겠지?”

혜진 샘이 말했다. 샘들은 무슨 배짱인지 큰소리를 쳤다. ‘공부를 안 해도 성적이 오른다’고 강조하면서. 순간 솔깃해지긴 했다. 진짜 효과가 있는 건가?

샘들은 동의서를 걷은 뒤, 다른 종이 한 장을 나눠 주었다.

짧은 원칙

"이 프로그램은 재밌게 진행할 거야. 너희가 좋아하는 게임
처럼."

의사 샘은 '게임'이라는 말을 강조하면서 웃었다. 나눠 준 종
이에는 우리가 지켜야 할 두 가지 원칙이 있었다. 이것만 잘 따
라 하면 성적도 오르고 상품도 받을 거라고 했다. 아니, 이 정도
면 초등학생도 할 수 있겠는데… 겨우 요것 가지고 성적이 오른
다고?

프로그램 진행을 위한 두 가지 원칙

1. 복습 : 회상하기!

- 기억에 남는 것을 떠올려 보자.

- 수업시간에 배운 것을 모두 기억할 필요는 없어.

- 잊지 마. 몇 개라도 기억하고 이해하는 것이 중요해!

2. 쓰기 : 실행하기!

- 아는 만큼 쓰기로 해.

- 단어 하나, 일기 두 줄, 할 일 두 가지부터 쓰기!

- 쓰는 습관을 키우면 놀라운 변화가 일어날 거야.

혜진 샘이 북마크 3개를 주었다. 북마크에는 《스마트 싱킹》의 저자 아트 마크먼의 어록이 있었다.

"수업이 끝나갈 때, 수첩에 한 단어 쓰기!"

처음에는 뭐 그쯤이야, 싶었다. 근데 매시간 잊지 않고 쓰는 게 생각보다 쉽지 않았다. 5교시 단어는 쉬는 시간이 끝날 즈음에야 아차, 하고 적었으니까. 문득 지금까지 무언가를 정해진 시간에 꾸준히 한 적이 없다는 생각이 들었다. 근데 왜 문장도 아니고 단어를 쓰라는 걸까.

그 다음날에도 수업시간마다 한 단어씩 적었다.

첫 교시에는, '원칙'을 적고, 2교시에는 '모순'을 적고, 3교시에는 '질문'을 적고, 4교시에는 졸다가 깨서, '순서'라는 단어를 적었다. 그 다음에도 적었는데, 어떤 단어였지? 아무튼 7교시 동안 일곱 개의 단어를 적었다.

혜진 샘을 만나서 수첩을 보여드렸다. 이틀 동안 적은 거라 단어가 많지 않았는데, 생각지도 않게 칭찬을 받았다. 고작 단어 몇 개 썼다고 칭찬을 받다니, 좀 얼떨떨했다.

혜진 샘이 단어들을 보다가 "모순이 뭐니?"라고 물었다.

"음, 말이 안 되는 거요."

혜진 샘이 고개를 끄덕였다.

"비슷한 의미인데, 검색해서 정확한 의미를 찾아 볼까?"

- 모순 :

1.

어떤 사실의 앞뒤, 또는 두 사실이 이치상 어긋나서 서로 맞지 않음을 이르는 말. 중국 초나라의 상인이 창과 방패를 팔면서 창은 어떤 방패로도 막지 못하는 창이라 하고 방패는 어떤 창으로도 뚫지 못하는 방패라 하여, 앞뒤가 맞지 않은 말을 하였다는 데서 유래한다.

2.

두 가지의 판단, 사태 따위가 양립하지 못하고 서로 배척하는 상태. 두 판단이 중간에 존재하는 것이 없이 대립하여 양립하지 못하는 관계로, 이를테면 '고양이는 동물이지만 동물이 아니다.' 따위이다.

3.
투쟁 관계에 있는 두 대립물이 공존하면서 맺는 상호 관계. 논리적 모순과 변증법적 모순이 있는데, 논리적 모순이 사유의 영역에만 존재하는 데 비해 변증법적 모순은 사물, 체계 따위의 객관적 실재에 속하며 모든 운동과 변화, 발전의 근원이 된다.

사전을 찾아보면서 한 단어에 여러 가지 뜻이 있구나, 싶었다. 물론 설명이 어려워서 바로 이해되진 않았다.

2주 동안 화, 금요일에 혜진 샘에게 단어장 검사를 받았다. 깜박 하고 몇 개 빼먹은 날도 있었는데, 혜진 샘은 거기에 대해선 지적하지 않고, 잘 적었다고 칭찬하면서 매번 한 단어씩 물어 보았다. 나는 생각나는 대로 말했고, 그때마다 샘은 정확한 뜻을 찾아 보라고 했다.

단어의 의미를 찾는 게 좀 귀찮긴 했다. 하지만 이런 뜻이었구나, 알게 되었고, 한 단어의 의미가 폭넓다는 것도 알게 되었다. 심지어 내가 전혀 다른 의미로 아는 것도 있었다. 무엇보다 그 뜻을 외우라고 하지 않아서 크게 부담되지는 않았다. 단어를 모아간다고 뭐가 달라지지? 의심스럽기도 했지만, 하루 5단어 이상의 우리말 어휘장을 만들어 나갔다.

"'금일, 명일'이 무슨 뜻인지 알아?"

'가관'이라는 말, '중식'이라는 말, '사흘'이라는 말, '평지풍파' 라는 말…

혜진 샘과 단어에 대한 이야기를 나누면서, 찾아 보고 채워가는 단어의 수도 늘어갔다. 그리고 평지풍파를 적을 때는 한자도 써 보았다. 단어장을 생각나는 대로 적으면서 살짝 느껴지는 게 있었다. 그건 무언가가 쌓여간다는 느낌이었다.

- 금일 : 오늘
- 명일 : 내일

- 가관 :

1. 경치 따위가 꽤 볼만함.

    예) 내장산의 단풍은 참으로 가관이지.

2. 꼴이 볼만하다는 뜻으로, 남의 언행이나 어떤 상태를 비웃는 뜻

으로 이르는 말.

예) 잘난 체하는 꼴이 정말 가관이다.

- 중식 : 점심에 끼니로 먹는 밥.

예) 중식으로 김밥을 준비하다.

- 사흘 :

1. 세 날.

예) 비는 사흘 동안 계속되었다.

2. 매달 초하룻날부터 헤아려 셋째 되는 날.

- 평지풍파平地風波 :

평온한 자리에서 일어나는 풍파라는 뜻으로, 뜻밖에 분쟁이 일

어남을 비유적으로 이르는 말. 당나라의 시인 유우석劉禹錫의

〈죽지사竹枝詞〉에 나오는 말이다.

세 가지 변화

혜진 샘이 단어 쓰기 검사를 마치면서 즉석 과제를 주었다.

"단어를 쓰면서 너희에게 일어난 변화가 있었니? 수첩에 세 가지만 써 보자. 짧아도 좋아. 지금 생각나는 것들을 쓰기야."

첫째, 수업을 거의 안 듣지만, 단어를 쓰기 위해 수업을 막판에라도 **듣게 되었다.**

둘째, 수업에서 들은 여러 말 중 단어 하나를 선택해서 **쓰는 일이 생겼다.** 그 단어 하나가 무슨 뜻인지 선생님과 이야기하면서 알게 되어, 조금 유식해졌다.

셋째, 어휘가 늘었다. 그래선지 말귀를 더 잘 알아듣는 거 같고, 약간의 **자신감이 생겼다.**

　나는 세 가지 변화에 대해 짧게 썼는데, 반응은 기대 이상이었다. 두 샘은 환호성과 함께 박수까지 치며 칭찬해 주었다. 게다가 선물까지 주었다. 나는 허접에서 렙업이 되어 중간레벨에 올라간 기분에 빠졌다.

　그러고 보니 지난 시간에 나눠 준 종이가 생각났다. 무언가를 쓰게 되면 작은 변화가 일어난다고 했는데, 그게 바로 이런 걸까.

　의사 샘이 선물로 마우스 패드를 나누어 주었다. 그 패드에는 이런 글귀가 씌어 있었다.

어휘를 늘려야 이해가 되고,

이해가 되어야 기억이 지워지지 않아.

상식을 늘려야 알아듣는 이야기가 늘고,

알아듣는 말들이 많아야 재미가 생기지.

어휘와 상식이 늘어나도록 노력하면,

타인과의 대화, 공부 등 많은 영역에서

더 좋은 일들이 생길 거야!

우리가 외국에 갔다고 생각해 보자.

말을 못 알아들으면 할 수 있는 게 적겠지?

한국에 있어도 상대의 말이 어떤 의미인지 모르면

외국에 있는 것과 크게 다르지 않다는 것을 잊지 마!

일기 두 줄과
내일 할 일 두 가지

　　일기 쓰기와 할 일 적기는 단어 쓰기보다 어려웠다. 자기 전에 해야 해서다. 누워서 스마트폰을 보며 잠드는 행복한 시간에 뭔가를 써야 한다니. 생각만으로도 귀찮았다. 그래서 시작부터가 어려웠다.

　　무엇보다 일기를 어떻게 써야 할지 막막했다. 일기를 써본 게 언제지? 초등학교를 졸업한 뒤로는 써본 적이 없었다. 일기는 뭘 쓰는 거더라? 하루를 어떻게 보냈는지 쓰는 거지? 근데 두 줄만 쓰라고?

　　두 줄.

　　다시 생각해 보니 그마나 두 줄이라 다행이었다. 한 페이지를 쓰라고 하면, 아마 못 한다고 했을 거다. 근데 막상 쓰려고 보니 두 줄이라고 우습게 볼 게 아니었다. 두 줄이라도 쓰려면 일단 생각을 해야 하니까. 오늘 뭐 했지? 생각들이 스쳐갔다. 그중에서 두 줄을 써야 하는데, 뭘 쓰지?

일기(9월 16일)
오늘
개힘들었다.

내일 할 일(9월 17일)
특별한 일 없음
○○에게 주말에 놀러갈 거냐고 묻기

이렇게 써도 되나, 싶었다. 도무지 쓸 게 없어서 에이 모르겠다, 하는 마음으로 가져갔는데, 혜진 샘이 아주 잘했다고 칭찬했다.

이걸 갖고 잘했다고? 미심쩍어하는 내 표정을 봤을까. 혜진 샘은 날 쳐다보며 말했다.

"일기를 쓰기 위해 30초든, 1분이든, 하루를 회상했다는 게 중요해. 또 그 하루를 두 줄로 썼다는 것도 중요한 작업을 한 거야. 게다가 다음날 할 일까지 생각했잖아. 과거를 회상하고 미래를 계획하는 연결고리가 생긴 거지. 정말 좋은 습관을 갖기 시작한 거야.”

“아… 뭘 이 정도 갖고 잘한다고 해요?”

“한번 생각해 봐. 네가 과거를 생각하고 미래를 예측하는 일을 한 거잖아. 이 두 가지 일이 얼마나 중요한지 아니? 이 두 가지는 인간이 진화하는 데 크게 기여한 인지 능력이거든. 다른 동물은 할 수가 없어. 인간에게만 발달된 특별한 능력이야.

회상과 예측, 돌이켜보고 예상하는 것. 이 두 가지만 잘하면 공부도 잘하고 인생도 잘 살아갈 수 있어.”

혜진 샘은 말을 이었다.

“사람들은 돌이켜볼 때 어떤 생각을 많이 할까?”

“잘한 거나 못한 거요. 재미있거나 재미없는 것, 재수 없는 것과 기분 좋은 것.”

“맞아, 멋진데? 만일 그런 생각을 회상을 통해 할 수 있다면 자연스럽게 발전이 이루어져. 사람들은 못한 거, 재미없는 거, 재수 없는 것들이 무엇인지 알게 되면서 피하게 되지.

또 예측도 중요한데… 혹시 예측하면서 무엇을 할지 생각하는 일을 다른 말로 뭐라고 할까?”

"계획 짜는 거요?"

"그렇지! 예측을 하면, 계획으로 이어지지. 계획 또한 인간만의 특별한 두뇌 활동이야! 계획과 관련된 영화 대사 기억에 남는 것 있어?"

"아 그럼요. 〈기생충〉에서, 송강호가 최우식한테 말하잖아요. 아들아, 너는 계획이 다 있구나."

"오, 대단한데?"

혜진 샘이 엄지손가락을 치켜세웠다. 잘 대답하고 있구나 싶어 웃음이 새어나오려는 걸 꾹 참았다.

"계획은 중요하지. 그 영화에서 계획이 있는 삶은 빈곤에서 벗어난 삶을 살 수 있는 가능성이 크다는 의미니까.

계획을 세우는 사람들은 계획 없이 사는 사람과 삶이 다를 수밖에 없어. 무엇보다 계획을 짜는 것은 아주 희망적인 일이지. 다음 날 두 가지라도 하겠다고 생각하면서 살아간다면 반드시 오늘보다 내일이 더 나아지게 돼 있으니까!"

자기 전에 쓰려고 책상 앞에 앉는 게 힘들었던 생각이 났다.

"하지만, 잠자기 전 일기를 쓴다는 것 자체가 어려운 활동이에요."

혜진 샘이 고개를 끄덕였다.

"맞아, 오늘 대화에서 중요한 포인트를 말해 줬네. 사실 피곤하고 힘든데, 생각을 한다는 것이 쉽지 않지."

혜진 샘은 잠시 아이들을 둘러보더니 말했다.

"음, 근데 공부 잘하는 사람들의 특징이 있어. 뭘까?"

그걸 내가 어떻게 알겠나. 나는 다른 세계에 살고 있는데. 혜진 샘이 말을 이었다.

"첫 번째, 생각을 한다는 거야, 생각. 공부에 담 쌓고 사는 사람들의 특징은 생각을 하지 않는 거고. 다들 자신에 관한 생각, 자기 삶에 대한 생각을 좀 하고 사니?"

"아… 생각… 생각하기 귀찮아요… 머리 아파요…"

아이들의 표정이 무거워졌다.

두 번째 변화

　　이번에는 의사 샘이 '일기 두 줄 쓰기'와 '내일 할 일 두 가지 적기'를 하면서 어떤 변화가 생겼는지 수첩에 짧게 써 보라고 했다.

　　첫째, 하루를 어떻게 지냈는지 생각을 하게 되었다.
　　둘째, 다음 날 무엇을 해야 하는지 생각을 하게 되었다.
　　셋째, 쓰기 위해서 생각을 하게 되었다.

　　회상, 지나간 일을 생각하게 되었고,
　　예측, 앞으로 일어날 일들을 생각하게 되었다.

　이 생각을 수첩에 쓰면서, 문득 엄마가 떠올랐다. "넌 아무 생각도 없이 사냐?"라고 야단치던 엄마에게 대꾸할 말이 생각난 것이다.

　"엄마, 나도 생각을 하고 산다고, 게다가 회상과 예측까지 한다고!"

　깜짝 놀랄 엄마 얼굴이 그려져 혼자 히죽거렸다.

변화를 만드는 습관

의사 샘의 간단한 강의가 이어졌다.

"혹시 1만 시간의 법칙을 알고 있니? 어떤 분야에서 1만 시간 정도 꾸준히 연습하면 누구나 세계적인 수준의 전문가가 될 수 있다는 거야."

헉, 1만 시간이라고요? 아이들이 술렁였다. 1만 시간이 어마어마하게 느껴졌다.

그러자 의사 샘이 종이를 나눠 주며 안심시키듯 이야기했다.

"여기서 중요한 것은 1만 시간이 아니야. 우리에게 중요한 것은 '무엇인가를 매일 꾸준히 한다면'이야. 1만 시간을 할 수 없어서 세계적인 전문가가 될 수 없어도, 우리가 무언가를 매일 하는 습관을 키운다면 그때 우리에게 기적이 일어나."

의사 샘이 나눠 준 종이에는 '기적을 만드는 실천 루틴'이라고 적혀 있었다. 이름은 거창했지만, 빈칸에 채워넣을 내용은 간단했다. 한 달 스케줄표가 있어서 하루 한 가지 실천할 일을 적는 것과 실천한 날을 체크만 하면 되는 것이다.

의사 샘은 응원의 말도 해 주었다.

"간단해 보여도, 매일 무언가를 한다는 것이 결코 쉽지 않아. 그러니까 너희는 지금 대단한 일을 하는 거야. 잘 안 된다 싶을 때는 친구와 함께하면서 서로 실행한 것을 확인하고 응원해 주는 것도 도움이 될 거야. 작은 일이어도 상관없어. 조금씩, 천천히, 꾸준히 하는 것이 중요해. 한 달 루틴을 잘 지킨 친구에게는 문상을 줄 테니 열심히 해 보자."

기적을 만드는 실천 루틴

실천 미션 소감						
1	2	3	4	5	6	7
8	9	10	11	12	13	14
15	16	17	18	19	20	21
22	23	24	25	26	27	28
29	30	31				

✔ 미션을 통과한 날짜에 동그라미 그리기
✔ 한 달 후에 소감 적기

2주가 지나갔다. 세 가지 숙제를 수첩에 매일 적기로 했지만 귀찮아서 하지 않은 날도 있었다. 그래도 14일 중 8일은 약속을 지켜서 문상을 몇 장 받았다. 하기 싫을 때 억지로라도 한 덕에 보상을 받은 것 같았다.

수업시간마다 한 단어만 적으라고 했을 때, 사실 우습게 여겼다. 단어 하나 적는다고 뭐가 달라질까, 하고. 그런데 2주 만에 56개의 단어를 적었고, 두 줄씩 쓴 일기가 16줄의 장문이 되었다. 마치 저금통에 동전이 쌓이는 것처럼 뿌듯했다.

어제는 하루의 일을 간단히 적고, 내일 할 일 두 가지를 생각할 때 사실 특별히 떠오른 것이 없어서, 이런 저런 생각을 하기도 했다. 그러면서 그동안 아무 생각 없이 살아왔구나, 하는 생각을 했다. 그때그때 떠오르는 생각대로만 움직였지, 깊이 생각해서 한 일은 거의 없었다. 아, 내가 이런 반성을 하다니. 이것도 생각의 힘일까.

아무 생각 없이 산다는 것은 그때그때 기분이 내키는 대로 산다는 것이고, 생각하면서 산다는 건 그런 마음들을 내 기준이나 방향에 맞게 조절하고 사는 것이다.

물론 그건 쉽지 않다. 잘될 때도 있고, 전혀 안 될 때도 있다. 하루를 의미 있게 보내려면, 생각하면서 예측하는 것을 더 제대로 잘할 필요가 있는데, 그것은 바로 계획이었다.

2주간의 실험을 통해 나는 어휘가 조금 늘고, 생각을 하면서, 계획을 짜게 되었다. (그리고 문상을 손에 넣었다.) 원래 주말을 빼면 10일을 했어야 하는데 8일밖에 하지 못했다. 그런데도 혜진 샘은 "무려 여덟 번이나 해냈네"라며 칭찬을 해 주었다. 완벽하게 잘한 건 아니지만, 그래도 칭찬을 받으니까 나 자신에 대해 좀 긍정적인 느낌이 들었다. 나도 한다면 하는 사람이라고, 뭐 이런 느낌?

배운 것을 오래 기억하는 방법

"우리가 공부한 것을 다 기억하면 얼마나 좋을까?"

의사 샘이 말했다. 동감이다. 외울 필요도 없이 그냥 한번만 읽고 머리에 다 기억된다면 얼마나 좋을까.

"하지만 절반은 바로 까먹지. 그래서 중요한 게 바로 복습이야. 복습은 기억을 유지하는 중요한 습관이기 때문이야. 복습이 왜 필요한지 설명한 이론이 있는데, 바로 에빙하우스의 망각 곡선이라고 해."

의사 샘은 칠판에 그림을 그려가며 설명했다.

"복잡해 보이지? 하지만 내용은 간단해. 우리의 공부는 1시간이 지나면 50퍼센트 이상, 하루가 지나면 약 70퍼센트의 내용을 잊어 버린다는 거야."

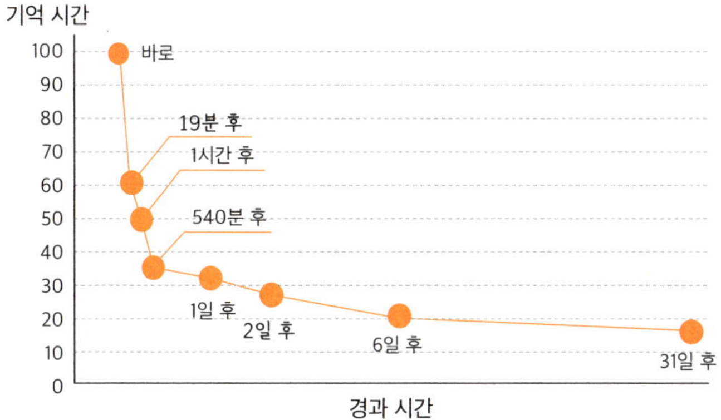

아니 그렇다면 공부할 필요가 없는 거 아냐? 어차피 다 잊어 버릴 텐데. 의사 샘은 그 해법으로 복습의 중요성을 이야기했다.

"에빙하우스의 연구에 의하면, 우리가 학습을 마친 후 10분 이내에 가볍게 복습하면 하루 동안 기억을 할 수 있다고 해. 하루 뒤에 다시 복습하면 일주일까지, 일주일이 지나 복습하면 한 달까지, 한 달 뒤에 다시 복습하면 6개월 이상 장기 기억으로 남는 거지."

의사 샘은 우리에게 종이를 나눠 주었는데, 제목은 이랬다.

'배운 것을 오래 기억하는 다섯 가지 요령'. 이것만 알면 안 잊어먹는다는 건가?

1. 배운 것은 까먹기 쉬워.

2. 빠른 시간 내에 복습하기.

3. 하루, 일주일, 한 달 뒤에 다시 보자.

4. 배운 것을 활용하면 더 오래 기억돼.

5. 오래 기억하는 세 가지 요령

　① 세 가지 이하로 요약하기

　② 머릿속에 기억이 잘되게 정리하기

　③ 정기적으로 머릿속에 떠올리기

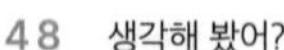

2장

역시나 실패,
근데 이 후회는 뭐지?

"너희들 대단해! 1단계 프로젝트를 성공적으로 마쳤네."

의사 샘은 지금까지 잘 해냈다고 칭찬해 주었다. 의사 샘이 기분 좋은 목소리로 말했다.

"자, 이제 다음 단계로 넘어가 보자. 바로 계획 짜기야."

계획 짜기? 초등학교 때 방학마다 그렸던 원형 생활계획표가 생각났다. 아침에 일어나면 공부하기, 밥 먹기, 공부하기, 책 읽기… 이런 것들로 시간을 나눠놓은 계획표 말이다. 그런데 계획표는 열심히 그렸지만, 제대로 지켜 본 적이 없었다. 그런 걸 또 해야 하는 거야? 계획 짜기라는 말에 하품이 났다. 그런데 의사 샘이 알려준 '계획 짜기'는 생각과 달랐다.

계획은 지킬 수 있는 것만 짤 것.

기대와 계획을 구분해야 해. 할 수도 없으면서 욕심부려서 최대치를 목표로 삼는 것이 기대야. 희망사항인 거지. 따라서 계획은 내가 정말로 할 수 있는 최소치와 해야 하는 기준 사이에서 정하는 것이 좋아.

예를 들어, '하루 30분, 영어 단어 1개 암기'를 할 수 있을까? 2개도 가능할까? 그동안 공부해온 방식과 양에 따라 각자 다를 수 있어. 자신이 해온 것부터 파악하고, 너무 높은 목표를 정하지는 말자.

해야 한다는 것에 목표를 두지 말 것.

실제로 공부할 수 있는 시간이 얼마나 되는지부터 알아 보자. 그 시간 안에 할 수 있는 분량을 파악하고 거기에 맞게 계획을 짜기!

"너희는 2주 동안 영어 단어를 얼마나 외울 수 있니?"

의사 샘의 말에 아이들이 저마다 영어 단어 숫자를 말했다.

"그래, 바로 다음 단계는 자신이 얼마나 공부할 수 있는지를 예측하고, 그에 따라 세운 계획대로 실행했는지 확인하는 프로젝트야."

중요한 건 자신의 공부 양을 예측해서 계획하는 데 있다고 했다.

"각자 2주 동안 얼마나 외울 수 있을지 정해 봐. 최소한 14 개부터 최대 70개 사이로, 하루 1개에서 5개 정도가 되게. 그리고 2주 후엔 영어 단어 시험도 칠 거야."

앗, 난이도가 점점 높아지는 건가? 시험이라는 말에 아이들의 표정이 조금 굳어졌다. 의사 샘이 미소 지으며 말했다.

"너희는 시험 친다고 하면 바로 긴장 모드네. 그러니까 할 수 있을 만큼만 목표로 정해. 최소한만 해도 좋아."

난 하루에 영어 단어를 몇 개 외울 수 있을까? 매일 3개 정도는 외울 수 있을 거 같았다. 주말 빼면 10일이니까, 30개를 외우겠다고 목표를 정했다. 아이들은 서로 눈치를 보면서 대부분 20개에서 30개 사이로 정했다.

샘이 지키지 못할 계획을 짜지 말라고 했으니, 매일 5개씩 외우는 도전을 하겠다고 하는 아이들은 없었다. 그냥 계획을 세우라고 했다면, 아마 10개씩도 외우겠다고 계획을 세우지 않았을까?

그런데 과연 나는 하루에 영어 단어를 3개씩 외울 수 있을까? 3개라는 숫자보다 매일 해야 한다는 게 걱정이 되었다.

특히 공부는 계획을 세워서 지켜 본 적이 없는데, 매일 꾸준히 하는 것이 가능할까?

나도 모르게 수첩을 접었다 폈다만 반복했다.

목표는 왜?

　　의사 샘의 세 번째 강의는 '목표'에 대한 이야기였다. 그런데 샘이 들려준 이야기는 믿기 어려웠다.

　　"여러분 중에 목표를 적어 본 친구가 있을까? 재밌는 결과가 있는데, 목표는 적는 것만으로도 효과가 있다는 거야."

　　적는 것만으로 목표를 이뤘다는 거야? 그게 정말이라면 천 번이라도 적겠네.

　　미심쩍어 하는 우리 마음을 아는 듯 샘은 어느 연구소의 흥미로운 실험을 이야기했다.

　　"하버드대 MBA 졸업생들을 대상1979~1989년으로 이런 연구가 있었다고 해. 졸업생들 중 3퍼센트는 목표를 세우고 그것을 달성하기 위한 구체적인 계획을 기록해 두었고, 13퍼센트는 목표는 있었지만 기록하지는 않았다는 거야.

10년 후, 이들의 미래는 어떻게 되었을까? 우선, 목표가 있었던 16퍼센트의 졸업생들은 목표가 없었던 84퍼센트보다 평균 수입이 두 배나 높았어. 무엇보다 목표를 기록해 두었던 3퍼센트의 졸업생들에서 놀라운 결과가 나왔는데, 이들은 나머지 97퍼센트보다 무려 10배의 수입을 올렸다는 거야."

아니, 목표를 세우고, 계획을 짜는 것만으로 성공에 도달하는 확률이 이렇게 높다니.

신기해하는 아이들의 표정을 읽은 의사 샘은 또 다른 사례를 이야기해 주었다.

"경영 전문가인 브라이언 트레이시는 무일푼 빈털터리에서 세계적인 판매왕이 된 사람이야. 그는 자신의 책《목표 그 성취의 기술》에서 이런 말을 했어. '내 인생을 바꾼 것은 종이 한 장이다'라고 말이야. 절망의 순간이 찾아오면 상황을 바꾸고 다시 일어나기 위해 그는 목표를 다시 설정하고 종이에 기록해 두었다고 해. 자신의 삶을 더 이상 망가뜨릴 순 없다는 생각에 그는 종이에 적은 목표를 되뇌었고, 그 변화가 자신을 구했다는 거지."

목표를 기록한 것이 인생을 바꾸었다니, 목표와 쓰기가 이렇게 힘센 거였나 놀라웠다.

목표는 어떻게?

다음 강의에서도 의사 샘은 딱 한 가지를 강조했다.

"목표를 높게 세우지 마라. 지키지 못할 목표는 세우지도 마라!"

목표를 세운다는 건, 당연히 잘 하고 싶어서다. 누가 안 지키려고 계획을 세우겠나? 근데 샘의 강의를 듣고 보니, 지금까지 목표를 지키지 못한 건 꼭 내가 게을러서만은 아닌 듯했다. 목표를 너무 높게 세워서였나?

"목표나 계획을 세울 때 실패하지 않으려면, 꼭 알아야 할 것이 있어. 바로 자신에 대해 아는 거야. 내가 얼마만큼 해낼 수 있는가? 자신의 역량과 수준, 하고자 하는 동기를 스스로 묻고 답하면서 아는 것이 정말 중요해."

의사 샘은 성적이 중위권인 두 친구의 예를 들어 설명했다. 두 친구에게 영어 단어와 한국사 사건을 한 달 동안 얼마나 외울 수 있는지 계획을 세워 보라고 했단다.

친구1

영어 단어 하루 1시간에 20개 → 한 달 뒤 400개 외우기

조선시대 사건 하루 1시간에 5개 → 한 달 뒤 100개 외우기

친구2

영어 단어 하루 1시간에 10개 → 한 달 뒤 200개(매주 50개씩 반복) 외우기

조선시대 사건 하루 1시간에 3개 → 한 달 뒤 60개(매주 15개씩 반복) 외우기

두 친구는 주말을 빼고 매주 5일 동안 도전을 했어. 과연 누구의 계획이 가능했을까? 이건 누가 봐도 맞출 수 있다.

친구2.

의사 샘의 그 다음 이야기가 인상 깊게 다가왔다.

"처음 계획을 세울 때는 친구1의 기분이 더 좋았을 거야. 포

부도 컸을 테니까. 그렇지만 기분이 중요한 것이 아니라 지킬 수 있는 것이어야 해. 친구1은 자신의 공부 양 등을 잘 몰랐기 때문에 무리한 계획을 세웠던 거지. 그러니까 계획을 세울 때 기본은 자신에 대해 아는 거야."

나 자신에 대해 안다? 지금까지 난 내가 할 수 있는 것이 아니라, 해야 할 것만 생각하고 계획을 짰던 건가.

이 프로젝트가 진행되면서 맴도는 단어가 있다.

'꾸준히'

나는 지금까지 꾸준히 공부를 해 본 적이 없다. 물론 학교도 빠지지 않았고, 학원도 어릴 때부터 계속 다녔지만, 진짜 내 의지로 꾸준히 공부해 본 적은 없는 것 같다. 특히 요즘은 스마트폰 때문인지, 집중이 더 안 되고 꾸준히 뭔가를 하는 게 더 어려워졌다.

아, 내가 꾸준히 하는 게 있긴 하다.

꾸준히 유튜브 보기

꾸준히 게임하기

꾸준히 밥 먹기

써놓고 보니 좀 창피하네. 이건 정말 아무 생각 없이 하는 일들이잖아. 내 생각을 갖고 꾸준하게 해 본 일이 이렇게 없다니.

이 기회에 '꾸준히' 공부라는 걸 하는 나로 달라질 수 있을까?

포기하지 않는 힘

이번 강의는 10분 넘게 이어졌다. 이전 강의는 5분 정도였는데, 단계가 올라간 건가. 내용도 다섯 가지나 됐다. 계획을 세우고 실천하는 데 필요한 것들이라고 했다.

《티처스 강의》

어떤 일을 끝까지 해내기 위해서는 뭐가 필요할까? 맞아. 바로 포기하지 않는 거야. 공부도 마찬가지지. 우리가 포기하지 않으려면 다섯 가지가 필요하다고 해. 오늘 강의는 그 이야기를 들려줄게.

호주 시드니 대학과 영국 옥스퍼드 대학 연구팀은 우리가 공부를 잘하기 위해 필요한 역량을 5C로 표현했어.

1. 자신감Confidence

우리가 공부할 때 가장 중요한 것이 바로 자신감이야. 자신감이 있으면 어려운 문제도 풀리지만, 자신감이 없으면 쉬운 문제도 괜히 어렵게 느껴지거든.

그런데 희망적인 소식! '아, 나는 자신감이 바닥인데' 하는 친구들도 좌절할 필요 없어. 자신감은 충분히 키울 수 있기 때문이야. 이때 필요한 마음자세가 있어. 처음부터 완벽하게 잘하려는 마음은 금물! '아는 만큼, 이해할 수 있는 만큼만 해 보자'는 가벼운 마음으로 도전하는 거야.

2. 조절력Control

해보겠다고 마음을 먹었어도 다른 유혹에 휘둘리면 계획대로 할 수 없겠지? 이때 자신을 조절할 수 있는 힘이 중요해. 그 힘이 커갈수록 공부를 더 잘할 수 있으니까. 또 희망적인 소식! 우리는 스스로를 조절할 수 있는 힘을 가지고 있다는 거야. 그냥 꺼내서 쓰면 돼. 다만 아직 연습이 안 돼 있으니까 많이 하려고 하지 말고, 가볍게 세운 계획부터 하나씩 지켜나가면 되는 거야.

3. 헌신Commitment

우리 속담 중에 '죽 쒀서 개 준다'는 말이 있어. 노력은 내가 했는데 결실은 남이 가져갔을 때 일컫는 말이야. 하지만 공부는 이런 일이 일어나지 않아. 열심히 공부하는 사람은 그 노력의 대가를 고스란히 받지. 그러니까 노력한 만큼 결과를 얻을 수 있어. 지금보다 조금 더 진심을 다해 노력하면, 그 결과는 분명 달라질 거야.

흔히 '남보다 열심히' 하려고 하지? 진짜 경쟁 상대는 남이 아니라 '어제의 나'라는 걸 잊지 마. 어제의 나보다 더 발전하는 거, 그게 중요해. 그런 사람이 자신에 대해 더 잘 알고, 더 잘 계획하고 실천할 수 있겠지?

4. 조정력Coordination

힘들 때는 도움을 청하자! 어렵고 힘들 때 혼자서 다 감당하려 하지 말고, 주변에 손을 내미는 거야. 나를 도와줄 친구, 선생님, 가족을 떠올려 보자. 또는 어디서 지원 받을 수 있는지 생각해서 도움을 받는 거야.

5. 평정심Composure

무언가를 꾸준히 하려면 마음가짐이 중요해. 잘해 보겠다고 흥분한 마음은 반짝 하는 성과를 만들 수는 있어도 오래 가지 못하거든. 꾸준히 성과를 내기 위해서는 차분한 마음, 즉 평정심이 필요해.

자, 잠시 하던 일을 멈추고 큰 숨을 한 번 깊게 내쉬어 보자. 한결 마음이 차분해질 거야. 마음속으로 '할 수 있다'고 외치며, '30분만 집중해 보자'고 결심을 하는 거야.

다른 생각은 잠시 내려놓고, 지금 이 순간에 집중해 보자.

꾸준함을 위한 멘탈 관리

무언가를 끝까지 해내기 위해 필요한 다섯 가지 역량. 우리도 수첩에 한번 적어 볼까?

5C :

Confidence 자신감

Control 조절력

Commitment 헌신

Coordination 조정력

Composure 평정심

다섯 가지 역량이란?

C _______________________________________

C _______________________________________

C _______________________________________

C _______________________________________

C _______________________________________

역시나 작심삼일

'2주간 하루에 3개씩, 30개 영어 단어 외우기'

아니나 다를까 작심삼일이었다. 아니 작심삼일까지 가지도 못했다. 영어 단어 외우기는 이틀을 넘기지 못했으니까. 자꾸 미루다 '막판에 몰아쳐서 영어 단어 30개 정도 못 외우겠어?' 하는 마음이 들어서였다.

전전날이나 전날부터 아니, 당일치기라도 하자. 그때 가서 공부해야 오히려 까먹지 않고 시험을 잘 볼 수 있을 거야, 하는 핑계만 댔다. 2주라는 시간이 주어지니, 아직 시간이 남았다는 생각에 자꾸 미루게 되었다.

매일 조금씩 하기

"어때? 목표대로 잘 되고 있니?"

한 주 만에 만난 혜진 샘의 질문에 아이들의 대답이 희미했다. 한 주간 목표대로 실행하지 못해서 쪼그라든 기분이었다. 나만 그런 게 아닌 모양이었다. 혜진 샘은 아이들의 표정을 보며 순탄하지 않다는 것을 눈치 채고 부드러운 목소리로 말했다.

"갑자기 안 하던 공부를 하면서 꾸준히 하기란 참 어려운 일이야. 누구나 그래."

혜진 샘이 위로하면서 다시 강조한 것은, '많이 하기가 아니라 조금 하기'였다.

심리학자 존 스웰러는 말했어.

"우리의 뇌는 여러 가지 일을 한꺼번에 처리하지 못하고, 한 번에 새로운 것을 많이 배울 수 없다."

뇌는 한 번에 많은 걸 저장할 수 없다는 거지. 그러니까 학습에 대해 우리 뇌의 부담을 줄이려면 다음 세 가지만 기억해.

내용 줄이기

단순화하기

요약하기

뇌의 학습 부담을 줄이는 비법이 또 하나 있어. 전체를 한꺼번에 다 기억하려 하지 말고, 일단 번호를 붙여서 나눈 다음에, 순서나 단계에 따라 하나씩 이해하고 외우는 거야.

그리고 다음과 같이 확인하면서 진행해야 해.

공부한 것을 잘 기억하고 있는가?

양이 너무 많지 않은가?

소화를 하면서 진행하고 있는가?

존 스웰러의 연구에 따르면, 새로운 정보는 2~3개까지 처리할 수 있고, 20초 정도 유지할 수 있대. 이것을 오래 기억하려면 반복이나 연결이 필요하고, 휴식을 취하면서 진행하거나, 방법을 바꾸어가면서 진행하면 좋아.

우리가 50분을 공부한다고 예를 들어 보자. 15분짜리로 3개 덩어리를 만들어 정리하고, 5분은 전체적으로 점검하면, 뇌가 잘 기억하는 거지.

매일 하고

조금씩 하고

꾸준히 생각하라.

이 세 가지를 꼭 기억하고 실천하면, '공부도 할 만하네?' 하게 될 거야!

약속된 2주가 이틀 남았다. 미루고 미루다 보니 남은 이틀 동안 단어 30개를 외워야 했다. 머릿속에는 30개 단어가 한꺼번에 돌아가는 듯했다. 그리고 시험을 봤는데, 무려 5개가 기억나지 않았다. 아이들 절반은 자신의 목표를 이루어서 문상을 받고, 숙제를 면제 받았다.

"목표를 이룬 사람들은 어떻게 했는지 이야기해 볼래?"

혜진 샘의 질문에 성공한 아이들은 의기양양하게 이야기했다.

매일 반복했다.

목표를 적절히 잡았던 것 같다.

도움을 받았다.

근데 인상적인 것이 도움 받기였다. 부모님, 친구, 동생의 도움을 받으며 하루에 2~3개의 단어를 여러 번 외우고, 그 다음 날에도 앞에 외운 것을 반복해가며, 매일 목표 양을 외웠다는 것이다.

왜 나는 그렇게 하지 못했을까? 후회가 밀려왔다.

혜진 샘이 칠판에 한 단어를 적었다.

'우선순위'

오늘의 중요한 단어인 모양이었다.

"공부에도 우선순위가 있어. 무엇이 중요한가를 먼저 정하는 거지. 목표에 성공한 사람들은 오늘 할 일의 우선순위를 정하고 그에 따라 실천했기 때문이야."

샘의 말대로라면, 나는 이 약속을 우선순위로 생각하지 않았다. 해도 그만, 안 해도 그만이었다.

샘이 말했다.

"여러분은 무엇을 가장 중요하게 여기며 생활하지? 내가 해야 할 일, 하지 말아야 할 일이 무엇인지를 알고 있니? 계획을 짜는 가장 큰 요령은 해야 할 일을 우선하는 거야."

나는 무엇을 중요하게 여기고, 무엇을 먼저 해야 한다고 생각하지? 선뜻 답하기가 어려웠다.

샘은 정곡을 찌르는 말을 이어갔다.

"계획을 달성하지 못하는 사람의 특징이 있어. 해야 할 일, 하기로 한 일을 미룬다는 거야. 그런 사람에게 계획은 큰 의미가 없지."

내게 우선순위는 무엇일까? 대부분의 사람들이 학생이라면 공부가 중요하다고 한다. 하지만 난 공부가 하기 싫고 어렵기도 해서, 피하고만 싶었다. 그래서 우선순위를 정하기는커녕 생각조차 하기 싫었던 걸까.

샘이 다시 말했다.

"다시 한 번 기회를 줄게. 도전해 보겠니? 이번에 목표를 달성한 사람도 상을 줄 거야."

이번에 실패한 아이들 절반은 목표를 조금 줄여서 다시 도전하겠다고 했고, 나머지 절반은 그냥 안 하겠다면서 나가 버렸다. 잠시 나도 나가 버릴까 생각했지만, 여기서 나가면 게임에 지는 거라는 생각이 들었다. 그래, 나도 한 번 성공이라는 걸 해 보자.

나는 매일 2개의 단어를 외우고, 2주 뒤에 20개의 단어를 외우겠다고 했다.

공부가 어려운 이유

예전에는 그냥 '공부는 원래 어려운 거야'라고만 생각했다. 그런데 알고 보니, 공부가 어려운 데도 여러 가지 이유가 있었다. 샘의 강의를 들으면서, 내가 왜 공부에 대해 어려워하는지를 알 수 있었다.

《티처스 강의》

공부가 어렵게 느껴지니? 이런 사람들의 네 가지 유형이 있어. 어느 연구원에서 각각의 유형에 맞는 해결 방법을 제시했는데, 한번 들어 볼래?

1. 공부할 마음이 있고 열심히 하는데, 성적이 오르지 않는다면

→ **공부 방법을 바꿔야 해!**

2. 공부할 마음은 있는데, 의자에 앉지 않는다면

→ **공부 시간을 아주 조금씩 늘리면서 실행력을 키워 보자!**

3. 공부할 마음은 없지만, 의자에 오래 앉아 있다면

→ **왜 공부하는지를 곰곰이 생각해 보고, 천천히 공부 계획을 세워 보자!**

4. 공부할 마음도 없고, 의자에 앉는 것도 안 되면

→ **천천히 조금씩! 공부하는 이유를 생각해 보고 조절력을 높이려고 노력해 보자!**

어때, 너희는 어디에 해당하니?

강의를 듣고 보니, 나는 4번에 가까웠다. 천천히 조금씩 공부해야 할 듯싶다. 그런데 가끔은 2번에 해당되는 것 같기도 했

다. 계획을 멋지게 짜놓은 적도 있었으니까. 물론 공부는 안 했지만. 친구들과 이야기해 보니, 나처럼 2번과 4번이 많았다.

사실 부모님에게 혼나는 내용도 같았다.

"너는 매일 공부하겠다고 하고는, 의자에 오래 앉아 있는 꼴을 못 보네. 공부를 말로 하냐, 엉덩이로 하지. 진득하게 앉아 있어야 공부를 할 거 아냐."

책상 앞에 앉아 있지도 않는다고 이렇게 혼난 날이 하루 이틀이 아니었으니까.

3장

작심삼일 NO,
3일째 새로 시작!

한 획을
긋다!

2주 뒤 두 번째 도전! 드디어 20개의 단어 시험에 합격했다. 문상과 상장, 그리고 성공 배지를 받았다. 야호! 별거 아니었지만, 대단히 기분이 좋았다. 나도 드디어 성공이란 걸 했다! 성공 비결이라면? 지난번 실패를 거울삼아 샘이 알려준 방법을 지키려고 했다는 것이다.

이번에는 분량부터 줄였다. 우선순위를 정하고, 일어나자마자 단어 카드부터 펼쳐서 2개를 한 번 외우고, 자기 전에 또 외웠다. 매일 딱 두 번, 아침과 저녁에 외우겠다는 약속을 스스로 지킨 것이다.

엄마에게도 부탁을 했다.

"내가 잘 외웠는지 물어봐 줘."

그렇게 매일 외운 것을 확인받고, 첫날은 2개, 다음날 4개, 그 다음날은 6개를 복습하기로 했다.

한편 작심삼일이 되지 않을까 걱정이 되었다. 늘 그래왔으니까. 혜진 샘에게 그 고민을 말했는데, 샘은 내 등을 토닥이며 말했다.

"작심삼일이면 그냥 3일째 새로 시작한다는 기분으로 해. 작심삼일이니까, 3번씩 끊어서 하면 6일을 할 수 있잖아. 중요한 건 포기하지 않는 거야."

그래서 미리 단어 카드 20개를 만들어 놓고, 샘의 말처럼 3일째에는 새롭게 시작하는 기분으로 했다. 샘이 용기를 주고 엄마가 단어 외우는 걸 도와준 덕에 그 고비를 넘긴 것 같다. 늘 혼자 한다고 하다가 작심삼일로 끝나고 말았는데.

그러고 보면 예전의 나는 쉽게 포기했다. 그건 공부하기 싫은 사람들의 특징 아닐까? 포기하지 않는다는 건, 끈기 있게 하는 것이다. 지금의 나는 전과 다르게 제법 끈기 있게 하고 있는 거 아닌가? 끈기는 나에게 어울리지 않는 말이라고 생각했는데, 이번에 10일간 해 보면서 나에게 끈기의 씨앗이 생긴 것 같기도 하다.

끈기라는 단어를 생각하곤, 정확한 뜻을 알려고 검색을 했다.

1. 물건의 끈끈한 기운

2. 쉽게 단념하지 아니하고 끈질기게 견디어 나가는 기운

바로 이런 거다. 내가 달라진 게. 더 정확히 알려고 찾아보고 써먹으려고 하는 거. 끈기가 뭐지? 끈적끈적한 기운, 그래서 떨어지지 않는 기운, 쉽게 떨어지지 않고 달라붙는 힘. 단념하지 않고 끈질기게 하는 기운. 내게 그런 게 아주 조금 생긴 거다.

이번의 성공으로 내 공부에 한 획이 그어진 것 같다. 예전의 나와 지금의 나. 포기하던 나와 포기하지 않는 나.

끝까지 해내는 힘, 그릿

오늘 의사 샘의 10분 강의는 끈기와 열정을 가지고 그릿Grit을 발휘하라는 내용이었다. "없는 것을 어떻게 발휘하나요?"라고 묻고 싶었다. 끈기도 약하고, 열정도 없는 나. 그런데 그릿은 또 뭔가요?

《티처스 강의》

펜실베이니아 대학교의 심리학자 앤절라 더크워스는 성공하는 사람들에게는 공통된 비밀이 있다는 걸 알아냈어. 그 비밀이 바로 그릿이야.

그릿은 '끝까지 해내는 힘'이라고 생각하면 돼. 공부가 너무 힘들 때, 운동이 잘 안 될 때, 친구 문제로 마음이 복잡할 때도 내가 이루고 싶은 목표를 포기하지 않고 계속 나아가게 해 주는 힘이지.

그래서 사람들은 그릿을 흔히 '내 안에서 끈기와 열정을 끌어내는 힘'이라고 이야기해. 쉽게 말하면, 지금 당장은 힘들어도 '난 할 수 있어!' 하고 다시 일어나서 한 걸음 더 가게 만드는 마음의 근육 같은 거야.

실제로 더크워스는 미국 육군사관학교에 직접 가서 연구를 했어. 사관학교 훈련은 정말 힘들기로 유명한데, 이곳에서 어떤 학생이 끝까지 버티고 졸업하는지, 또 어떤 학생이 중간에 포기하는지 살펴본 거야.

그리고 문제아들만 있는 학교에 새로 온 초임 교사들도 연구했어. 누가 힘든 상황에서도 포기하지 않고 끝까지 아이들을 가르치고 성과를 내는지, 그리고 누가 중간에 지쳐서 떠나는지 관찰한 거지.

군사 훈련과 학교 수업을 포기하지 않고 해낸 사람들은 어떤 공통점이 있었을까? 이들에게는 타고난 재능이 아니라 끝까지 해내려고 하는 노력과 연습, 바로 그릿이 있었다고 해.

여러분들이 현재 그릿이 없다 해도 걱정하지 않아도 돼. 그릿은 만들 수 있으니까. 그렇다면 그릿을 키우는 방법은 무엇일까?

1. 관심

우선 너희가 하려는 일을 즐겨야 해. 공부를 예로 든다면, 부모님에게 떠밀려서 하는 것이 아니라 공부의 재미를 찾는 거지. 공부 양이 작더라도 스스로 조금씩 하면서 재미를 찾아보는 거야.

2. 연습

중간에 포기하지 않고 꾸준히 해나가야 해. 앞에서도 이야기했지만 공부는 상대와의 경쟁이 아니라 나 자신과의 약속을 지키는 거야. '어제보다 더 나은 내가 될 거야'라는 마음으로 조금씩 꾸준히 해나가는 거지.

3. 목적

잘 알다시피, 그냥 재미있다고만 해서 어떤 일을 오래 이어가기는 어려워. 게임도 목표가 없으면 금방 질리고, 운동도 이유가 없으면 슬슬 하기 싫어지잖아? 그러니까 아주 작은 목표라도 하나 세워서 그걸 이루는 경험을 해 보는 게 정말 중요해. 예를 들면, 오늘 단어 5개 외우기, 10분만 집중해서 공부해 보기, 혹은 하루에 물 1리터 마시기 같은 작고 쉬운 목표도 좋아. 작은 목표를 달성하다 보면 '아, 나도 하면 되는구나!' 하는 자신감이 쌓이고, 그다음엔 자연스럽게 더 큰 목표도 세울 수 있게 돼. 지금은 작은 목표지만, 나중에는 그게 큰 꿈으로 이어지게 될 거야.

4. 희망

목표를 세우고 그걸 이루기 위해 움직이는 건 말처럼 쉬운 일이 아니야. 하다 보면 분명히 힘든 순간, 하기 싫은 순간, 포기하고 싶은 순간이 찾아오지. 그런데 그 순간에 우리를 다시 앞으로 나아가게 만드는 힘은 바로 희망이야.

'내가 과연 할 수 있을까?' 하고 스스로를 의심하면 발걸음이 멈춰 버리지만, '나는 할 수 있어' 하고 자신을 믿는 마음은 앞으로 나아가게 해 주지. 그러니까 스스로를 믿고, 끝까지 해 보려는 마음이 중요해.

여러분, 잊으면 안 되는 것 하나. 그릿은 타고난 것이 아니라 만들어지는 거야. 그리고 무언가를 시작할 때 꼭 가져야 할 마음가짐이야.

빠르게 하지 않아도 돼.
완벽하지 않아도 돼.
포기하지 않으면
결국 나는 해낼 거야!

기억을 되살리기

지금까지 무려 86쪽을 읽었네.

혹시 인상 깊은 구절이나, 알 수 없는 단어,

혹은 머릿속에 떠오르는 질문이나 생각이 있을까?

아니면, 지금까지 읽은 것 중 기억에 남는 것,

세 가지만 적어 볼래?

1. ___________________________________

2. ___________________________________

3. ___________________________________

성공이라는 말

　목표를 세우고 성공하고 나니, 전과 다른 모습으로 새로 태어난 기분이 들었다. 이번 프로젝트에서 문상 때문이든, 그냥 오기 때문이든, 포기하지 않고 해낸 덕이었다. 처음으로 성공을 경험하고 나서 그동안 내가 어떻게 지내왔는지를 알게 되었다.

아무 생각 없이 하기

억지로 하기

포기하기

그리고 실패했다고 혼나기

　이런 생활의 반복이었다. 성공 배지가 내 가슴에 달리자, 이제 더는 전처럼 포기부터 하지 않을 거라는 자신감이 생겼다. 성공하는 기분을 더 느끼고 싶어졌고, 어떻게 하면 되는지 방법을 알았다는 생각이 들었다.

작은 성공은 어떻게 큰 성공을 부를까?

오늘 의사 샘의 10분 강의에서 중요한 단어는 '성공'이었다.

"성공해 본 사람은 또다시 성공한다."

처음 성공하기가 어렵지, 한 번 성공하면 다시 성공한다는 것이다. 나도 한 번 성공했으니, 또다시 성공할 수 있을까?

《티처스 강의》

한 번이라도 성공해 본 사람과 한 번도 성공해 보지 못한 사람은 큰 차이가 있어. 성공해 본 경험 자체가 큰 힘이 되거든. 그래서 작은 성공이라도 경험하는 게 중요해. 그 경험이 자신감으로 이어져서 또 다른 성공을 불러오니까.

예를 들어 시험공부에서 목표 점수를 한 번 달성하면, '아, 나도 할 수 있구나!' 하는 자신감이 생기잖아.

이렇게 생긴 자신감은 다음에 더 잘할 수 있다는 믿음으로 이어지는 거야. 이 믿음을 '자기 효능감Self-efficacy'이라고 해. 자기 효능감이란 '나는 노력하면 해낼 수 있다'는 마음이라고 할 수 있지.

심리학자 알버트 반두라는 자기 효능감을 높이는 네 가지 방법을 말했는데, 그 중에서도 '성공 경험'이 가장 강력한 힘을 가진다고 이야기했어.

다른 사람의 행동을 보고 배우는 '모델링', 주변의 응원과 격려 같은 '타인의 설득', 그리고 마음의 안정 같은 '정서적 상태'도 도움이 되지만, 성공을 경험하는 것이 가장 효과가 크다는 거야.

그래서 우리가 자기 효능감을 키우려면 작은 성취를 하나씩 쌓아가는 것이 중요해. 작은 목표라도 이루어내면, 그것이 다음 도전의 발판이 되어서 점점 더 큰 성공을 만들어갈 수 있기 때문이야.

그렇다면 우리에게 중요한 효능감을 어떻게 가질 수 있는지 알아볼까?

1. 숙달

어떤 일을 해내는 과정에서 '내가 이 일을 잘할 수 있구나' 하는 느낌을 받을 때, 그것이 바로 숙달의 경험이야. 작은 과제라도 잘 해낼 때 숙달의 경험이 쌓이지. 그로 인해 인정받고 자신감을 가지게 되는 것이 성공 경험의 첫걸음이야.

2. 성취 경험

영어 단어 외우기 시험 기억하지? 여러분 스스로 계획을 짜고 끝까지 노력해서 테스트에 성공했어. 혹시 완벽하지 않았더라도 끝까지 마무리한 경험이 있다면, 그것도 소중한 성취 경험이라고 할 수 있어.

3. 인정과 자신감

큰 것이 아니더라도 무언가를 해내어 주변의 인정을 받은 경험이 있니? 이렇게 '나도 할 수 있구나' 하는 자신감을 느꼈던 순간이 있다면, 그 경험이 다음 성공으로 이어지는 힘이 될 수 있어.

지금 새로운 목표를 세우고 노력하고 있다면, 이전의 성
공 경험을 떠올려 봐. 이번에도 천천히, 차분하게, 조금
씩 해나가면 된다고 다짐하면서. 그러면 예전처럼, 아니
그보다 더 나은 모습으로 또다시 성공할 수 있을 거야!

용기를 주는 작은 성공

어떤 일에 목표를 세우고 그 일을 해낸 기억이 있니? 레고 만들기부터 자전거와 수영에 도전하기, 공부 미션 등 우리 스스로 약속하고 실천했던 도전은 무엇이든 좋아. 실제로 했던 도전을 적어 보고, 그것을 성공했을 때의 느낌을 적어 보자.

도전한 일 : ________________________________

성공 소감 : ________________________________

____

____

나는 해낸 적이 있다!

잘했을 때를
기억하자.

내 안에 힘이 있다!

나는 할 수 있다!

이 프로젝트를 시작한 지 한 달 반이 넘었다. 도전과제도 성공하면서, 일상에 작은 변화가 일어났다. 예전과 달리 꾸준히 하는 습관이 생겼다는 거다.

매 수업시간 한 단어

일기 두 줄

내일 할 일 두 가지

하루 영어 단어 두 개

일주일에 서너 번은 이 네 가지를 잘 지키고 있다. 이런 변화가 신기했다. 수업 시간에 자는 시간도 약간 줄고, 졸다가도 어떻게든 단어 하나를 단어장에 적는 습관이 생겼다. 처음에는 매일 하기 어려웠지만, 샘이 가르쳐준 대로 목표를 무리하게 세우지 않아서인지 조금씩 해나갈 수 있었다.

그러고 보니 이런 변화는 듣기와 쓰기로부터 시작되었다. 샘들이 나눠 준 수첩 하나에서 시작된 셈이다. 그 수첩에 단어도 적고, 일기도 쓰고, 할 일도 적게 되었으니까.

그리고 샘들은 아주 작은 실천에도 칭찬해 주었다. 실패했을 땐 격려와 함께 다시 도전할 수 있는 기회도 주었다. 그렇게 나를 포기하지 않고 챙겨 준 것이 힘이 되었다.

듣기와 쓰기가 수업시간에 집중하는 데 도움이 되었다면, 내일 할 일을 생각해 보는 것은 생활 태도에 도움이 되었다. 까먹고 있다가 갑자기 허둥대는 일이 줄어들고, 차분하게 대처할 수 있게 된 거 같다. 준비된 자의 여유랄까. 근데 이런 내가 낯설기도 하다.

메타인지라고 들어 봤니?

"애들아, 내 목표가 뭔지 아니? 강의 시간 10분을 넘기지 않는 것. 오늘도 그 목표를 달성할 거야. 우리 모두 목표가 있네?"

의사 샘이 웃으며 말했다.

"너희가 한 달 넘게 이 프로젝트를 진행하면서 잘 활용하고 있는 능력이 있어. 근데 너희는 잘 모르고 있지."

우리가 모르는 능력? 근데 활용하고 있다고?

"저에게도 있나요?"

능력이라는 말에 나도 모르게 질문하고 말았다.

"물론이지. 동준이에게도 있어. 너희 모두에게 있지. 그게 뭐냐면 '메타인지'야."

메타인지? 어디서 들은 거 같은데, 어려운 말 같아서 뭔지 알려고 하지 않았다.

"메타는 '무언가를 넘어선다'는 뜻이고, 인지는 '알게 된다'는 거야. 메타인지는 알게 되는 무언가를 넘어선다는 뜻이지."

알쏭달쏭했다. 아는 걸 넘어선다고?

"아는 것에 대해 아는 것, 그러니까 무엇을 진짜로 아는지, 모르는지에 대해 생각해 보는 거야. 뭐, 이런 거지.

내 생각에 대해 생각해 보는 것, 공부를 그냥 하는 것이 아니라 공부를 어떻게 할 것인지를 생각해 보는 것, 성적을 잘 받았다고 기분 좋고 마는 것이 아니라 어떻게 잘하게 되었고, 어떤 것은 왜 못했나를 생각해 보는 거야."

내가 억지로 공부하던 나를 생각했던 것처럼?

"흔히 메타인지를 자기 조절, 자기 점검, 자기 객관화의 능력이라고도 해. 좀 어렵지?"

의사 샘이 아이들의 표정을 보며 말했다.

"쉽게 말해서 이건 생각하는 능력과 관련이 깊어. 스스로 질문하고 답하고, 그 과정을 객관화하면서 생각을 발전시키고, 더 좋은 문제해결 방법을 찾는 과정이라고 할 수 있지."

의사 샘은 물을 한 모금 마시고 말을 이었다.

"공부할 때, 무턱대고 하는 것이 아니라 공부에 대해 생각해 보는 것, 공부를 잘하기 위한 방법을 생각해 보는 거야. 가령, 이렇게 자기 자신에게 질문하는 거지.

어떻게 하면 공부를 잘할 수 있지?

나는 어떤 식으로 공부하지?

나는 어떻게 할 때 공부에 흥미가 생기지?

이런 질문들이 모두 메타인지를 향상시켜."

질문이 메타인지를 향상시킨다? 샘의 말을 되새겼다.

"너희 마음에 이전에 하지 않던 질문이 늘었니? 호기심과 의문이 늘었니? 그리고 그것에 대해 정확히 알고 싶고, 내가 모르는 것이 무엇이고, 아는 것이 무엇인지 구별하고 싶어졌니? 그렇다면, 이제 메타인지가 마구 활성화되고 있는 거야. 메타인지는 '의문, 질문, 왜, 어떻게'라는 마음으로부터 시작하거든."

샘의 말 중에 생각, 질문이라는 단어가 귀에 들어왔다. 그렇다면 나는 메타인지가 좀 발달한 사람이었네. 내가 공부를 열심히 하지 않아서 그렇지, 원래 마음속으로 질문은 많았으니까. 그럼 생각할 줄 아는 사람인 거지, 내가?

아인슈타인도 어려운 지식

"다음 중에서 아인슈타인이 가장 어려워했던 건 무엇이었을까?"

의사 샘이 4개 문항을 칠판에 썼다.

1. 물리학

2. 양자역학

3. 자기 객관화

4. 수학

아이들이 제각각 대답을 했다. 의사 샘이 웃으며 말했다.

"아인슈타인은 이런 말을 했어. '가장 어려운 지식 중 하나는 자기를 아는 것이다.' 너희가 어려워하는 수학보다 자기를 아는 게 더 어렵다는 거야.

MBTI 검사 해 본 적 있지? 결과를 보고 '어, 이거 진짜 나 같아!' 하다가도 '이건 아닌데?' 싶기도 하잖아. 그만큼 우리가 자신을 정확히 아는 게 쉽지 않아."

사실 나도 내 마음을 모를 때가 많다. 그래서 어떤 선택을 해야 할지 고민스러울 때도 많고.

"옛날 그리스의 철학자 소크라테스도 이런 말을 했어.

'너 자신을 알라!'

누구나 아는 말이라고 생각하지만, 사실은 잘 모르거나 다르게 알고 있는 경우가 많아. 이런 걸 알아차리고, 자기 생각과 행동을 스스로 돌아보는 능력을 '메타인지'라고 해."

소크라테스의 말은 알지만, 그것이 메타인지와 관련된 것인지는 처음 알았다.

"메타인지는 크게 두 가지로 나눌 수 있어. 하나는 자기 인식. 자신이 무엇을 알고, 무엇을 모르는지 아는 것이지. 또 하나는 자기 조절. 공부나 행동을 할 때 스스로 조절하고 조정하는 힘이야. 그러니까 메타인지는 '내가 어떤 사람인지 알고, 그걸 바탕으로 나를 더 잘 이끌어가는 능력'인 거야."

나를 객관적으로 들여다보기

아래 질문에 대해 답을 적어 보면서 다시 나를 돌아보자.
나는 어떤 사람일까?

1. 나는 __________ 을 좋아한다.

2. 나는 __________ 이 너무 싫다.

3. 나의 소원 세 가지는?

　　소원 ① ______________________________

　　소원 ② ______________________________

　　소원 ③ ______________________________

4. 나는 ______________________ 사람이 되고 싶다.

5. 내가 닮고 싶은 사람은 __________ 이다.

6. 나의 성격 특징을 형용사 5개로 말한다면?

①   ②   ③   ④   ⑤

7. 나의 장래 희망은 어떻게 변해왔나?

8. 내가 제일 창피할 때는 ______________ 때이다.

9. 내가 제일 멋질 때는 _____________ 때이다.

10. 내 베스트 프렌드 3명은 _______ , _______ , _______

이고 우리가 친한 이유는 __________________ 때문이다.

① 친구 이름: ________

    이유: ________________________________

② 친구 이름: ________

    이유: ________________________________

③ 친구 이름: _______

    이유: ________________________________

4장

중간고사 대박! 나 이래도 돼?

중간고사가 2주가량 남았다. 마음이 좀 불안했는데, 의사 샘이 그 마음을 안다는 듯 물었다.

"너희 시험 잘 치고 싶지?"

너무 당연한 질문 아닌가. 공부하기는 싫어도 시험은 잘 보고 싶다.

"내가 한 시간짜리 시험 잘 치는 비결 특강을 준비했어. 시험 점수 높이는 비결과 요령을 가르쳐 줄게."

아이들의 눈이 반짝였다. 시험 점수 높이는 요령이라니, 몰라도 잘 찍는 방법을 알려 준다는 걸까.

그동안 시험을 칠 때면, 문제를 한 번 훑어보고, 모르는 건 그냥 찍고, 아는 게 있으면 조금 풀어 보다가, 문제 길이가 길면 읽기도 싫어졌다. 아는 문제가 많지 않다 보니, 시험 시간은 거의 잠자는 시간이 되어 버렸다.

시험은 정말 싫지만, 시험 기간이 좋은 점도 있긴 했다. 학교가 일찍 끝난다는 것이다. 낮게임을 하고, 공부하는 척 스터디카페에서 또 밤게임을 할 수 있었으니까.

"원하는 사람 손들어 봐."

좀 의심스럽긴 했지만, 비결과 요령이라는 말에 마음이 움직였다. 남은 2주 만에 시험 점수 높일 비법이 있다는 거잖아. 나도 모르게 팔이 올라갔다. 그래서 내일 한 시간 정도 남아서 시험 잘 치는 비결을 배우기로 했다.

도전자와 도전하지 않는 자의 차이

의사 샘의 10분 강의는 늘 10분을 넘긴다. 하지만 샘은 아이들이 지루해하는 표정을 귀신같이 읽고 절제를 잘한다. 그래서 샘의 강의는 졸리지 않고, 재미있고 유익한 내용으로 기억되는 것 같다. 오늘의 강의는 '마음가짐'에 관한 이야기였다.

《티처스 강의》

심리학자 캐롤 드웩은 사람들이 목표를 정할 때 두 가지 마음가짐이 있다는 것을 알아냈어. 하나는 '성장형' 마음가짐이고, 다른 하나는 '고착형' 마음가짐이야.

성장형 마음가짐은 배우고 성장하는 것 자체를 목표로 삼는 거야. 반면 고착형 마음가짐은 성장이 아니라 남에게 잘 보이는 걸 중요하게 여긴다고 해.

그래서 성장형은 '아직은 잘 못하지만, 노력하면 더 나아질 거야'라고 생각하고, 고착형은 '나는 원래 이런 사람이야. 실패하면 창피해'라고 생각하는 경향이 있다는 거지.

캐롤 드웩은 우리가 "성장형으로 생각할수록 더 잘 배우고 발전할 수 있다"고 강조했어.

그럼 우리에게 익숙한 '시험'에 대해, 성장형 마음가짐과 고착형 마음가짐이 어떻게 다른지 알아볼까?

1. 시험을 대하는 자세

　성장형 : 얼마나 아는가를 확인하고 싶어서

　고착형 : 시험 성적이 얼마나 좋은지를 알리기 위해서

2. 공부를 하는 이유

　성장형 : 배우는 것이 즐거워서

고착형 : 공부로 내 존재를 증명하기 위해서

3. 좋은 성적이 나오면 기쁜 이유

　성장형 : 내가 성장하고 있다는 것을 알게 되어서

　고착형 : 좋은 성적은 좋은 평가를 받은 것이니까

4. 어려운 시험에 도전하자는 제안을 받았을 때

　성장형 : 자신의 실력을 점검하거나 확인하기 위해 도전한다.

　고착형 : 혹시 나쁜 결과가 나올까 봐 도전하지 않는다.

두 가지 마인드셋	고정 마인드셋	성장 마인드셋
기본 전제	재능과 능력은 정해져 있다	자질은 성장할 수 있다
욕구	남들에게 똑똑해 보이고 싶다	더 많이 배우고 싶다
따라서…		
도전 앞에서	도전올 피한다	도전을 받아들인다
역경 앞에서	쉽게 포기한다	맞서 싸운다
노력에 대하여	하찮게 여긴다	완성을 위한 도구로 여긴다
그 결과…		
두 가지 마인드셋	현재 수준에 머물고 잠재력을 발휘하지 못한다	잠재력을 발휘해 최고의 성과를 낸다

고착형은 타인에게 인정받는 것이 중요하다고 생각해. 그래서 남들에게 보여주기 위해서 공부를 하고, 능력은 타고나니까 변하지 않는다고 믿지. 결과가 안 좋으면 운명을 탓하기 쉽고, 과정보다 결과를 더 중요시해.

반면 성장형은 배우기 위해 공부를 한다는 거야. 호기심을 갖고 알아가는 데 즐거움을 느끼고, 결과보다 과정을 더 중요하게 생각하지. 그래서 노력의 가치를 소중히 여기고, 스스로 성장하고 발전할 수 있다고 믿는다는 거야.

어때, 한번 생각해 봐. 나는 성장형일까? 고착형일까?

도전에 대한 생각

도전한다는 건 어떤 의미일까? 도전은 거창한 것만을 의미하지 않아. 공부를 새로운 마음으로 시작하는 것, 어제보다 더 나은 내가 되려고 노력하는 것, 실패해도 다시 해 보겠다고 마음먹는 것.

이 모든 게 바로 도전이야.

오늘도 스스로 세운 목표를 이루기 위해 노력하는 사람들을 떠올리면서, 아래 물음에 답을 해 보자.

1. 도전하는 사람들이 아름다운 이유

2. 여러분이 생각하는 멋진 도전자는 누구인가?

3. 도전하기 전에 어떤 점들을 생각해 봐야 할까?

시험 잘 치는
비결

　'시험 잘 치는 비결' 특강 교실에 가니, 이미 열댓 명이 모여 있었다. 아이들도 기대가 되었던 걸까. 나도 서둘러 왔는데, 평소 늦장 부리던 아이들도 일찍 와서 기다리고 있었다. 의사 샘은 종이 뭉치를 들고 와서 한 장씩 나누어 주었다.

　이 한 장에 비결이 담겨 있다는 거지? 마치 무술 고수가 되는 비법을 전수받는 양 가슴이 뛰었다. 근데 샘이 나누어 준 종이를 보니, 고작 일곱 문장만 있었다.

1. 문제를 꼼꼼히 읽어라, 문제 속에 답이 있다.

2. 문항을 꼼꼼히 읽어라, 문항 속에 답이 있다.

3. 아는 문제부터 빨리 풀어라. 모르는 문제는 나중에 풀어라.

4. 수업시간에 선생님이 강조했던 것을 떠올려라.

5. 상식적으로 생각해서 답을 찾아라.

6. 완전히 모르는 문제는 건드리지 마라.

7. …

약간 짜증이 났다. 이런 뻔한 이야기라니. 역시 비결이란 게 어디 있겠어. 속았다는 기분이 들었다.

"너무 간단하다고 실망한 거야?"

의사 샘이 웃으며 말했다. 역시 정신과 의사라 마음을 꿰뚫어보는 건가.

"시험 잘 치는 비결의 핵심을 뽑은 거야."

의사 샘은 한 문장씩 그 의미를 설명해 주었다.

다 아는 이야기라고 생각했는데, 정작 실천하지 않은 방법들이었다. 샘이 알려 준 비결은 시험을 잘 다뤄서 최대의 효과를 얻는다는 느낌이 들었다.

"이제 시험이 얼마 남지 않았지만, 지금이라도 공부 계획을 잘 짜는 게 중요해. 평균 성적을 올리고 싶으면 국영수에 시간을 다 쏟지 말고, 다른 과목에 시간을 더 많이 쓰는 게 좋아."

고개가 끄덕여졌다. 지금 밀린 국영수에 시간을 쏟아 붓는다고 성적이 크게 오를 리도 없었다. 결국 다른 과목까지 망칠 게 뻔했다. 샘의 말대로 다른 과목들에서 조금이라도 점수를 올려 볼까? 한번 계획을 짜봐야지. 근데 이런 생각을 하다니, 나 너무 열심히 하는 거 아냐? 내 자신의 변화가 신기했다.

뒷자리에 앉아 있던 혜진 샘이 일어서며 말했다.

"시험공부 계획을 짜고, 점검하고 싶은 사람은 내일 나한테 상담하러 와."

그렇잖아도 계획 짜기가 자신 없었는데, 확인 받을 수 있다니 마음이 한결 가벼워졌다.

낙관적 사고방식

"시험 기간에는 시험에만 집중합시다!"

혜진 샘은 '화이팅'을 외치더니, 시험 볼 때 중요한 게 하나 있다고 말했다.

"공부를 열심히 하고도 긴장해서 시험을 잘 못 보는 경우가 있지? 그때 필요한 게, 바로 멘탈 관리야."

운동경기에서 '멘탈이 강하다, 약하다'라는 말은 들어 본 적이 있었다. 투수도 멘탈이 강해야 흔들림 없이 승부수를 던질 수 있다고 했다.

"멘탈 관리를 위해서는 연습이 필요해. 바로 낙관적 사고방식을 연습하는 거지."

심리학자 마틴 셀리그만은 어린 시절 아버지가 뇌졸중으로 쓰러지는 큰일을 겪었어. 그런데 아버지가 천천히 회복해가는 모습을 보면서, 셀리그만은 마음가짐이 회복에 큰 영향을 준다는 걸 알게 되었다고 해.

이후 그는 한 지역의 청소년들을 연구하면서, 똑같은 어려움을 겪더라도 어떤 아이들은 더 빨리 회복하고, 어떤 아이들은 쉽게 우울해진다는 사실을 발견하게 되었지.

그 차이는 뭘까?

바로 사건을 대하는 '생각과 태도'에 달려 있었다는 거야. 셀리그만은 이렇게 말했어.

"중요한 것은 일어난 사건이 아니라, 그 사건을 어떻게 바라보느냐이다."

그러니까 긍정적인 생각과 태도를 연습하고 배워 나가면 어떤 어려운 상황도 이겨내는 나를 만들 수 있다는 거지. 그럼 낙관적 사고방식을 가진 사람들은 '시험'에 대해 어떻게 생각할까?

시험을 잘 쳤을 때

1) 내 노력이 빛을 발하네.

2) 다른 과목도 잘 볼 거야.

3) 이런 삶이 계속되리라.

시험을 망쳤을 때

1) 노력의 방향도 안 맞았고, 운도 안 따랐네.

2) 다른 과목은 그럴 리 없지.

3) 다른 과목에서 만회하면 그만이야.

그러면 비관주의자들은 어떻게 생각할까?

시험을 잘 쳤을 때

1) 모두 운발이야.

2) 다른 과목은 그럴 리 없지.

3) 인생은 우연의 연속이야.

시험을 망쳤을 때

1) 이게 내 운명이야.

2) 이번 시험은 다 틀렸네.

3) 내 인생은 원래 이런가 봐.

어때? 비관주의자들의 생각을 듣기만 해도 기운이 빠지지? 그러니까 우리도 이제부터 긍정적인 생각을 하려고 노력해 보면 어떨까?

'물이 반밖에 안 남았네'가 아니라

'물이 반이나 남았네'를 넘어

'물이 반이나 남은 것을 먹을 수 있으니,

난 럭키비키(행운아)야.'

'비가 와서 망했다'가 아니라

'비가 와서 행복해'를 넘어

'빗소리를 들을 수 있어 마음이 차분해지네,

난 럭키비키(행운아)야.'

힘든 일을 이겨나간 사람들의 특징은 이런 낙관주의적 사고방식을 가졌다는 거야. 힘든 일이 일어나도 낙관적으로 생각해서 위기를 기회로 만들었다는 거지. 이것이 지금 우리에게 필요한 멘탈 관리야.

좋은 일이 생기면
1) 내가 노력한 탓이야.
2) 다른 일들에도 좋은 영향을 끼칠 거야.
3) 내 삶에 이런 좋은 영향이 지속될 거야.

나쁜 일이 생기면
1) 내가 방향을 잘못 잡았고 운도 없었네.
2) 다른 일은 그렇게 두지 않을 거야.
3) 내 삶에 나쁜 일이 더 이상 생기지 않게 대비할 거야.

다음 날 중간고사 시험공부 계획을 짜서 혜진 샘을 만났다. 혜진 샘은 계획을 세운 게 기특하다며 등을 두드려 주었다.

"시험 범위는 다 아니?"

앗, 시험 범위를 모르는 과목이 있네. 머리를 긁적였다.

혜진 샘은 다시 물었다.

"자신 있거나, 공부 시간이 많이 안 걸리는 과목이 뭐야?"

가장 먼저 생각나는 과목은 한국사였다. 어렸을 때 한국 역사 이야기에 관심이 많았으니까. 사회도 싫지 않은데, 과학, 수학은 정말 짜증나는 과목들이다.

혜진 샘은 이제부터 중요한 애기를 할 거라는 듯, 내 눈을 보며 말했다.

"아직은 공부를 처음 시작하는 단계니까 쉬운 것부터 먼저 해 놔."

"어려운 건 나중에 하고요?"

"시험 범위를 확인하고, 범위를 쪼개서 공부해."

"쪼개요?"

"그래. 시험 범위 중에서 네게 쉬운 범위와 어려운 범위를 나누는 거지. 그리고 쉬운 범위만 공부하고 어려운 범위는 그냥 포기하는 거야."

그 말을 듣고 나니, 시험공부에 대한 부담이 확 줄어들었다. 어려운 부분에서 진도가 나가지 않아 아예 책을 덮어 버리고 포기했던 게 생각났다. 그리고 전에 샘이 해 준 이야기처럼 무리 하지 않고 쉬엄쉬엄 하기로 했다. 어차피 한꺼번에 다 하기는 어 려울 듯했다.

시험이 다가오면 드는 생각

우리는 시험을 앞두고 항상 다짐한다.

"이번엔 진짜 열심히 해야지!"

그런데 막상 시험 날이 가까워지면,

"아… 좀더 할 걸" 하고 후회할 때가 많다.

그래서 후회 없이 시험을 준비할 수 있도록, 꼭 기억하면 좋은 생각들을 한 번 정리해 보자.

1. 시험을 칠 때마다 후회하는 것들

①

②

③

2. 시험을 치르면서 잘했다고 생각하는 것 혹은 달라진 것들

①

②

③

3. 다음 시험을 대비해서 준비해야 할 것 세 가지

①

②

③

　내 인생 최고의 날이 왔다. 세상에, 이런 점수를 받다니. 평균이 무려 10점 이상 오른 것이다.

　목숨 바쳐 공부하지도 않았다. 만화책 보듯이 어렵지 않은 것만 확인했을 뿐이다. 심지어 게임도 조금 했는데 성적이 오르다니. 점수를 보고도 믿기지 않았다. 성적 올리는 게 이렇게 쉬운 거였나.

　혜진 샘을 찾아가서 성적이 많이 올랐다고 자랑했다. 샘은 자신의 일처럼 박수까지 치며 좋아했다.

　"와, 정말 잘했어."

　혜진 샘은 환한 얼굴로 물었다.

　"지난 두 달간 네게 어떤 변화가 있었니? 그게 무엇이었는지 말해 줄래?”

“단어 쓰고, 일기 쓰고, 내일 할 일 가끔 쓰고, 중간고사 계획 짜서 시험 치고, 음, 그리고 영어 단어 외우기 도전해 봤고 그게 끝인데요.”

“네가 해온 과정을 다시 한번 잘 생각해 볼까? 뭐가 달라진 것 같아?”

“으음, 좀 생각해 보는 것, 쓰는 것, 그냥 포기하지 않고 조금씩 하는 것, 이런 것들이 생기긴 했죠.”

“맞아, 엑셀런트!!!!”

샘이 엄지손가락을 치켜들었다.

“네가 진짜 변했어! 생각하고, 쓰고, 성실해지고, 포기하지 않고 꾸준히 하기 시작했어. 그래서 지금 반전이 일어나고 있는 거야. 이대로만 꾸준히 하면 계속 나아질 거야. 물론 고비도 있겠지만, 이번 학기 흔들리지 말고 이렇게만 하자!”

“네, 좋아요!!”

나도 모르게 큰 목소리로 말하고 말았다.

“여기서 주의할 점은, 너무 욕심내서 더 많이 하려고 하지 않는 거야. 지금처럼만 성실하게 하면 돼. 그리고 미래를 앞당겨 더 잘하려고 생각하지도 말고, 다른 친구들과 비교하지도 말고,

네 속도대로 가는 거야. 이게 제일 중요해, 네 속도대로.

그리고 어떤 방향으로 갈지 함께 상의하면서 가자. 너의 기질, 재능, 관심, 열정 등을 천천히 살펴보면서 말이야."

"좋아요."

'내 속도대로'라니, 존중받는 느낌이었다. 그리고 '상의하면서 가자'는 말에선, 함께한다는 든든함이 밀려왔다.

샘과 헤어져 돌아오는 길, 가슴이 벅차올랐다. 그동안 난 아무것도 할 수 없다고 생각했는데, 샘의 말처럼 내 인생에 반전이 일어나고 있다.

그동안 샘들이 해 준 말들이 떠올랐다. 그 말들 덕분에 여기까지 올 수 있었다.

많이 할 거 없어.

쉬엄쉬엄 해.

욕심내지 마.

조금씩, 쪼개서, 할 수 있다는 마음으로!

그동안 엄마, 아빠를 포함해서 다른 어른들은 나를 구석으로 몰아넣는 말을 하는 경우가 많았다. '큰일이다' 불안하게 만들고, '많이 해야 한다' 부담스럽게 만들고, '다른 아이랑 비교해서' 짜증나게 만들고, '더 열심히 하라' 혼내면서, 한심하게 나를 바라봤다.

근데 이 샘들은 내 마음을 가볍게 만들었다. 내가 작심삼일이라고 말하면 '3일마다 결심하자'고 하고, 포기하지 말고 '쉬었다가 다시 하자' 하고, '내 속도대로 가자'고 한다.

서두르지 않으니 마음도 불안하지 않고, 한번 해 보자는 마음이 생겼다. 그리고 곰곰이 생각해 보니, 내가 지난 두 달 사이 달라진 것이 있었다.

조금씩 하는 것이 생기고

비교적 매일 하고

그러기 위해 생각을 하기 시작했다는 것이다.

나는 지금 조금씩 내 생각이 생기고 있다. 해 보는 것이 생기니까 경험이 쌓이고, 그 경험에 대한 생각이 생기고, 이제 전보다 더 이것저것 아는 것이 늘어가고 있다.

이런 것을 스며드는 것이라고 하나. 생각하는 습관이 스며들기 시작!

뇌를 잘 쓰는 방법

이번 강의에서 혜진 샘은 반드시 기억해야 한다면서, '3의 원리'를 이야기했다.

"《스마트 싱킹》이라는 책에서는 우리 뇌를 효율적으로 쓰는 방법을 알려 줘. 그 핵심 아이디어 중 하나가 바로 '3의 원리'야.

예를 들어, 한꺼번에 너무 많은 걸 외우려 하면 금방 헷갈리잖아. 그래서 이 책에서는 '세 가지로 정리하라'고 말해."

샘은 꼭 기억하라는 듯 세 손가락을 흔들며 말했다.

"3의 원리. 이걸 우리가 공부할 때나 계획을 세울 때도 적용해 볼 수 있어. 예를 들어 보자.

오늘 꼭 할 일 세 가지

수학 시간 중요 개념 세 가지

기억해야 할 핵심 주제어 세 가지

이처럼 항상 세 가지로 묶어서 생각하는 거야. 그렇게 하면 훨씬 기억하기 쉽고, 머릿속이 잘 정리돼."

3의 원리

자, 그러면 우리도 3의 원리를 한번 적용해 볼까?

1. 내가 달라진 점 세 가지

①

②

③

2. 내가 달라지게 된 비결 세 가지(구체적으로)

①

②

③

3. 현재의 변화가 주는 교훈 세 가지

①

②

③

5장
생각에 대해
생각해 봤니?

언제부터인가 이 프로젝트 모임이 편안해졌다. 만나는 시간이 기다려졌고, 샘들의 이야기를 듣고 싶어졌다. 그 시간이 쌓이는 만큼 내 실력도 쑥쑥 자라는 것 같았다. 나만 그런 게 아니라 다른 애들도 그래보였다. 중간고사 이후 처음 모인 자리인데, 아이들의 표정이 밝았다. 다들 나처럼 성적이 오른 걸까.

의사 샘과 혜진 샘은 새로운 과제를 제시했다.

'글을 쓰자.'

각자 경험하고 느낀 것을 친구들에게 말하듯이 써 보자는 것이다.

중간고사가 끝났고 성적도 올랐으니 공부를 더 열심히 해서 성적을 쭈욱 끌어올려 보자고 할 줄 알았는데, 글을 쓰자고 해서 의외였다. 그것도 멋지게 써 보자는 게 아니라, 친구에게 말하듯 편하게 써 보라니.

전 같으면 쓰라는 말만 들어도 부담 백배일 텐데, 그렇지는 않았다. 두 줄 일기를 쓰면서 약간 글발도 늘긴 했으니까. 그래서 내 경험을 어떻게 쓸까 하다가 편지를 쓰기로 했다.

나처럼 공부 안 하고 게임만 하면서 지내는 아이들에게 편지를 한번 써 볼까.

〈너에게 보내는 편지〉

안녕, 문득 너에게 묻고 싶은 것이 있어서 편지를 쓰게 되었어. 너무 궁금해서 그러는데, 혹시 지금 어떻게 살고 있는지에 대한 생각을 해 본 적이 있니?

공부 이야기를 하려는 것이 아니고, 그냥 지금 어떻게 살고 있는지 궁금해서 그래.

지금 어떻게 살고 있어?

부모님과 주위 어른들이 하라는 것, 그리고 그냥 하는 것, 그런 것들을 하면서 살고 있을까? 혹시 스스로 생각해서 하는 것들은 뭐가 있는지 알고 싶어서 묻는 거야.

이 삶은 누구의 삶인지, 원하는 것이 무엇인지, 좋아서 하는 것 중에 어떤 특별한 목표를 갖고 하는 것이 있는지 궁금해서 묻는 거야. 그런 것이 있니?

이 질문에 답을 하려면 생각이 필요해. 생각을 해 본 친구들은 답을 할 수가 있고, 막연히 생각해오던 친구들은 생각을 정리해야 할 것이고, 지금까지 그런 생각을 해 보지 않은 친구들은 생각해 보려고 하지만, 서툴어서 힘들 수도 있을 것 같아.

우리는 이런 생각, 저런 생각을 하고 지내지. 그런데 어떤 생각을, 어떤 방식으로, 어떻게 다루면서 지내는지는 아주 다양할 것 같기도 해.

지금 내가 묻고 싶은 것은 온전한 나에 대한 이야기야. 나의 성격과 관심사, 그리고 미래에 대해 생각해 본 적이 있는가에 대한 거야. 어때? 그런 생각을 해 봤어?

시간을 내서 나에 대해 생각해 보면 어떨까? 우리는 아직 세상에 나가 본 적 없고, 거창하지 않더라도 목표나 계획을 세우며 세상에서 어떻게 살까를 준비해야 해. 우리의 생각이 곧 우리의 미래일 수 있다는 생각이 들어. 그래서 생각을 하고 사는 것이 진짜로 필요한 순간이 지금이야. 우리는 청소년이고 우리에게는 미래가 중요하니까.

꽤 길게 썼는데 무슨 꼰대가 쓴 글처럼 되었다. 사실 생각나는 대로 쓴 글인데, 생각을 하라고 아이들에게 말하고 있다니…

이 글을 본 샘은 고개를 끄덕였다.

"네가 생각을 하면서 지내는 멋진 친구가 되었구나. 게다가 글솜씨까지 있어."

나도 모르게 웃고 말았다. 내가 생각도 하고 글도 잘 쓰는 멋진 애가 되어가고 있는 거야?

늘 부모님이나 선생님들에게 들었던 잔소리 중 하나가 바로 "생각 좀 하고 살아"라는 말이었다.

물론 이 말부터 시작해서 시리즈로 많은 말을 들어왔다.

공부는 말로만 하냐?

계획이라도 세워 봐라.

시작해서 끝낸 게 하나라도 있냐?

도대체 학원 가서는 뭘 하는 거냐?

머릿속에 뭐가 들었냐?

뭘 하고 싶은지 아직도 모르냐?

또 뭐가 있을까. 이런 말을 들을 때는 지겹기도 했지만, 딱히 벗어날 생각도 안 했고, 벗어날 방법도 몰랐다.

다들 공부하라고 야단쳤지만 공부는 하기 싫었고, 어떻게 해야 할지도 알 수 없었다. 무언가 스스로 하기란 힘이 들었다.

또 숱하게 들은 말이 "열심히 해라" "최선을 다해라"였다. 그러나 재미가 없는데 어떻게 열심히 할 수 있을까. 아무런 의욕이 없는데 어떻게 최선을 다할 수 있냐고. 그랬던 내가 지금 친구들에게 생각 좀 하자고 말하고 있다니.

뭐가 달라졌을까? 의사 샘과 혜진 샘이 알려 준 방법대로 따라 한 것뿐인데. 문득 질문이 떠올랐다. 샘들의 제안을 어쩌다 받아들이게 되었을까? 전혀 생각지도 못했던 것들인데. 이번에는 웬일로 샘들이 가르쳐 주는 대로 하나하나 따라 하고 있을까? 뭐가 씌었나? 하는 생각을 하면서, 아무도 시키지 않았는데 편지를 썼다. 두 번째 친구들에게.

〈생각에 대해 생각해 봤니?〉

생각하지 않고 지낸다고 혼난 적이 있니?
아마 이런 이유로 혼나면 기분이 무척 나쁠 거야. 생각은 늘 하고 지내는데, 생각이 없다는 것이 말이 돼?

사람들은 모두 생각을 하고 살아.

인간의 가장 큰 특징이 바로 이 생각에 있다고 다들 그러지. 매일 닥치는 그 순간순간에 대한 생각이 아니라, 무언가 복잡하고 다양한 생각들 말이야.

앞으로 생길 일에 대해 미리 생각해 본다든지, 또는 내가 한 말이나 행동이 어떤 영향을 줄까 그런 생각도 하고.

하지만 내가 묻고 싶은 것은 막연한 미래나 혹은 현재 이 순간이 아니라 앞으로 일어날 일에 대해 생각을 하면서 살고 있는지에 대한 거야.

이전에는 생각해 보지 않았던 생각들을 왜 생각해야 할까?

순간순간 살고, 하루하루 살면서, 이런 예측과 영향에 대해 생각하지 않고 살았다면, 어찌 보면 책임이 없거나, 또는 책임지지 않을 수 있는 상태였기에 그랬을 거야.

하지만 커가면서, 부모님이나 선생님이 대신해 주거나 책임져 주지 않는 일들은 점차 늘어나지. 어른이 되어간다는 것은 자신이 책임질 일이 늘어난다는 거야. 그런 상황에 잘 대처하기 위해서는 미리 생각하고, 어떤 행동이 주변에 미칠 영향을 생각할 수밖에 없어.

물론 생각하는 것이 싫을 수도 있어. 머리가 복잡해지고 내가 생각한다고 달라질 것도 없다고 보면 말이야.

우리는 커가면서 자연스럽게 생각이 늘고, 생각끼리 연결되며, 생각에 따라 행동이 많이 달라지게 되지. 그리고 생각이 늘면 주변 사람들은 내 생각을 알기도 점차 어려워져.

만일 생각이 늘고, 행동이 달라졌는데, 책임이 늘어나기를 원치 않는다면 문제가 생기기도 해. 그것은 몸은 커지는데 생각이 크지 않은 상태이기 때문이야.

생각하기 싫으면 어떻게 될까? 그것은 책임지기 싫다는 것이고, 누군가에게 의존하겠다는 뜻이야. 우리는 평생을 부모의 품안에 있으면서 아이처럼 살 수는 없어.

설령 그것이 가능해도 누군가에게 의존하면 동시에 우리의 권리도 사라지는 것이고, 전적으로 부모의 생각을 따라야만 해.

자신의 생각대로 살고 싶다면 스스로 생각하고 그 생각을 인정받아야 해. 생각을 정리하고 표현하고 실천할 수 있다는 것. 그것은 바로 어른이 되어가고 있다는 뜻이야.

생각을 어떻게 하고,

말을 어떻게 하느냐,

글을 어떻게 쓰고,

행동을 어떻게 하느냐,

그리고 그런 것들에 책임을 질 수 있느냐가 정말 중요하다고 생

각해.

내가 생각에 대해 생각하는 것처럼 너도 생각에 대해 고민을 해 보

면 어떨까?

내 생각을 표현하기

"편지를 써 보니까 어때? 친구들에게 내 생각을 이야기하면서 스스로 정리가 좀 되는 것 같아?"

혜진 샘은 다음과 같은 간단한 원리를 보태서 이야기해 주었다.

"선생님께 배울 때, 책을 보면서 공부할 때, 남을 가르칠 때, 이 세 가지 상황에서 어떤 경우에 여러분의 학습이 잘될까? 모두 예상했겠지만, 바로 내가 남을 가르칠 때야. 상대방의 눈높이에 맞춰 설명을 해 주어야 하니, 내가 지식을 정확히 이해하지 않으면 가르칠 수 없거든."

샘은 이어서 말했다.

"편지 쓰기는 우리가 해온 이 프로젝트에 대해 여러분이 얼

마나 이해하고 있는지, 그것을 친구들에게 전달할 수 있는지 확

인해 보라는 의미였어.”

샘의 설명에 비춰 볼 때, 내가 쓴 편지는 잘 전달될 수 있을

까?

동준이의 편지를 받았다면?

만약 여러분이 동준이의 편지를 받았다면 어떤 느낌이 들었을까?

여러분이라면 그 편지에 어떤 답장을 쓰고 싶을까? 마음 속에 떠오르는 생각 혹은 질문을 담아 한 줄의 답장을 써 보자.

1. 첫 번째 편지에 대한 답장(핵심 문장만 쓰기)

①

②

③

2. 두 번째 편지에 대한 답장 요약(핵심 문장만 쓰기)

①

②

③

지난 3개월간 내게 일어난 일은 마법 같았다. 핵심 단어와 두 줄 일기를 쓰고, 내일 계획을 짜면서 공부를 하고, 시험을 요령 있게 봐서 성적이 올랐다. 게다가 난데없이 꼰대 편지까지 썼다. 이 모든 일을 내가 하다니, 대체 무슨 일이 벌어진 걸까?

수첩을 주르륵 읽다가 그 답이 머릿속을 스쳤다. 내가 그 모든 일을 해낼 수 있었던 것은 차근차근 이끌어 준 샘들 덕분이었다.

첫째, 샘들은 쉬운 일처럼 보이게 했다. 아마 노트 필기를 매시간 하라고 했으면 안 했을 거다. 단어 하나만 쓰라니까 그 정도는 할 수 있을 거 같았다. 또 일기도 두 줄만 쓰라고 하니까 그쯤이야, 했던 거다. 쉬운 것을 조금만 해 보자고 하니까, 그럼 해 볼까? 하고 선뜻 시작할 수 있었다. 어려운 것을 많이 하자고 했다면 부담스러워서 도망가 버렸을 텐데. 가벼운 마음으로 시작할 수 있게 한 덕분이었다.

둘째, **따뜻한 응원과 도움이 큰 힘이 되었다.** 작고 쉬운 일이라지만, 처음엔 그것조차 다 해내지 못했다. 그때 샘들은 혼내기는커녕 격려해 주었다. 혼내지만 않아도 어디야? 그런데 샘들은 내가 포기하지 않게 응원하며 도와주기까지 했다. 아주 작은 거에도 관심을 가져주고, 칭찬해 주니까 더 해 보려고 했던 거 같다.

셋째, **시험 잘 보는 요령을 쉽게 가르쳐 준 것도 좋았다.** 시험 공부하는 기간이 짧았는데도 성적이 좋아지니까 무슨 마법에 빠지는 기분이랄까. 왜 지금까지 이 좋은 걸 아무도 안 가르쳐 준 건지.

요령과 방법을 가르쳐 주지 않고 맨날 열심히 하라고만 하는 건 별로 도움이 안 된다는 걸 알게 됐다. 게임에서 이기는 방법을 알면 더 재밌듯이, 공부도 성공하는 방법을 알게 되니 해 볼 만하다는 생각이 들었다. 무조건 하는 게 아니라 분량과 시간을 잘 짜서 공부하는 게 중요하다!

넷째, **목표를 갖고, 계획을 세우라는 이야기도 중요했다.** 대단한 목표를 세운 게 아니지만, 해낸 뒤 정말 기뻤다. 나도 할 수 있구나, 처음 느껴 봤으니까.

성공할 수도 없는 한심한 계획이 아니라, 현실적으로 해낼 수 있는 계획을 짜서 작게라도 성공의 맛을 본 것이다. 그러고 나서 다음 계획이 기대가 되고, 이제 내 스스로 '그걸 공부하려면 시간이 얼마나 걸릴까? 그 단원을 공부하고 이해하고, 알게 되는 데 얼마나 걸릴까?' 이런 생각을 하게 되었다.

이 모든 것이 다 샘들의 노력 덕분이고, 한결같이 응원해 준 샘들 덕분에 오늘의 내가 된 것이다.

무엇이 달라졌을까? 물론 여전히 나는 큰 성공을 이루지 못했고, 그저 성적이 아주 조금 오른 학생일 뿐이다. 하지만 **나 자신을 바라보는 눈이 바뀌었다.** 그건 바로 내가 성공할 수 있는 사람이라는 것이다. 전에는 성공, 달성 같은 말은 나와는 전혀 상관없는 말이었다. 미루기, 실패, 미완성, 남은 숙제… 이런 단어가 나를 설명하는 거였는데, 이젠 다르다. 난 성공을 해 본 사람이니까.

한 번의 성공 경험이지만 그걸로 끝나는 게 아니라 자신감으로 남는 거 같다. 난 할 수 있다는 자신감이 있으니 또 도전하고 싶은 마음이 들었다. 그리고 이렇게 긴 글까지 쓸 수 있다 보니, 자기 존중감은 수직 상승중이다.

나에게 변화를 불러온 이 방법들은 꽤 좋은 것 같다. 경험한 자만이 이런 말을 할 수 있는 거겠지? 사실 특별할 것은 없지만 편안하게, 그래서 거부감 없이 자신도 모르게 변화를 만든 것 같다.

나도 해냈다. 앞으로도 할 수 있다. 그런 소중한 느낌이 나한테 생겼다.

천천히 서두른다는 것

별로 말이 없던 한 아이가 웬일로 의사 샘에게 질문을 했다.

"저는 빨리 잘하고 싶은데, 어떻게 하면 될까요?"

샘이 되물었다.

"뭘 해야 할까?"

아이는 샘의 의도를 알았다는 듯 자신있게 답했다.

"생각이요."

"좋았어! 바로 그거야. 그렇다면 생각을 해 보자. 빨리 잘하려면 어떻게 해야 될까? 어떤 방법이 있는지 함께 궁리해 볼까?"

그 아이가 답했다.

"'그런 방법은 없어!'라고 답하실 거지요? 제가 봐도 그런 방법은 없을 것 같네요."

샘은 뜻밖의 대답을 했다.

"아니, 그런 방법이 있어."

나도 샘이 그런 방법은 없다고 대답할 줄 알았는데. 뭐야, 반
전이네.

그 아이가 다시 물었다.

"진짜요? 원래는 없는데, 뭐예요?"

샘이 칠판에 쓰며 말했다.

'페스티나 렌테 Festina Lente!'

"답은 바로 페스티나 렌테, '천천히 서둘러라'야."

천천히 서둘러라? 두 단어는 반대말 아닌가? 의사 샘은 아
이들을 한번 둘러보고 말을 이었다.

"김동섭 신부님이 쓴 책《라틴어 문장 수업》에 나오는 이야
기이고, 로마의 초대 황제 아우구스투스의 좌우명이라고도 알
려졌지. '천천히 서둘러라', 서로 호응하지 않는 문장 같지?"

샘은 칠판에 적기 시작했다.

무엇을 해야 하는지를 먼저 생각하고,

해야 할 일의 우선순위를 잘 정해서,

한 걸음씩 천천히 나가면,

빨리 가게 될 수 있다.

"우리가 실패하는 가장 큰 이유 중 하나는 조바심을 갖는다는 거야. 마음이 급해지면, 정말 중요한 것이 무엇인지를 까먹고 우왕좌왕 하면서 시간을 날려 보내는 거지. 해야 할 일의 우선순위를 정하지 않고 '이것도 해야 돼, 저것도 해야 돼' 하면서 혼란이 오는 거야. 실제로 우리의 뇌는 한꺼번에 여러 가지를 할 수는 없단다. 그래서 공부의 우선순위가 필요하고, 계획도 필요한 거야."

페스티나 렌테Festina Lente! 라틴어라고 하니 왠지 멋져 보였다. 유일하게 알고 있던 '카르페 디엠' 이외에 한 문장을 더 알게 되니 뿌듯했다.

그리고 샘이 나눠 준 유인물을 읽어 보니, 지금까지 반복해서 들은 이야기를 정리한 거였다.

한꺼번에 되는 일은 없다.

공부, 운동, 게임 다 마찬가지다.

천천히 한 번에 하나씩

꾸준히 야금야금 나아간다.

천천히 서둘러라.

나는 매일 그리고 계속 나아지고 있다.

이 즐거움을 만끽하자.

제일 잘할 필요도 없다.

내 목표를 향하여

내 속도로 나간다.

나는 내 삶을 즐긴다.

뭔가 여유 있고 느긋하게 나아가는 느낌이랄까. 그러면서도
목표를 이룬다니, 멋지게 느껴졌다. 나는 이것을 카드로 만들어
달라고 샘에게 부탁했다.

한 번에 하나씩 알아 나가고, 한 번에 하나씩 깨닫고, 하루
에 하나씩 나아지자.

'Slow Learning'이라고
들어 봤니?

의사 샘은 '천천히 배우는Slow Learning 열 가지 법칙'과 '공부하다가 포기하게 되는 열 가지 생각'을 알려 주었다.

천천히 배우는 열 가지 법칙

1. 조금씩 하기

2. 생각보다 쉽다고 생각하기

3. 뜻밖에 재미도 있다고 생각하기

4. 호기심 북돋우기

5. 목표를 높지 않게 잡기

6. 쉬었다 하기

7. 과정이 중요하다고 생각하기

8. 실수는 친구고, 실패는 배움이라고 생각하기

9. 배움의 즐거움이 가장 큰 보상이라고 생각하기

10. 누구보다 나를 위한 일이라고 생각하기

공부하다가 포기하게 되는 열 가지 생각

1. 빠르게 해야 한다는 생각

2. 너무 어려운 것을 덜컥 결정했다는 생각

3. 공부가 재미 없다는 생각

4. 공부에 그다지 관심도 열정도 없다는 생각

5. 목표가 너무 높다며 한숨만 쉰다는 생각

6. 쉬지 않고 하지만 능률은 떨어진다는 생각

7. 결과가 모든 것을 말해 준다는 생각

8. 실수를 하면 절대 안 된다는 생각

9. 확실한 보상도 없을 것이란 생각

10. 이게 모두 부모님과 선생님을 위한 일이라는 생각

6장

포기하지 않을 결심

부모님은 나의 변화를 무척 기뻐했다. 특히 엄마는 나와 마주치면 "뭐 먹고 싶은 거 없어?"라고 웃으면서 물었다. 공부와는 담 쌓고 지내던 내가 책상에 앉아 있는 시간이 늘어서 기분 좋은 모양이었다.

오늘 프로젝트 모임이 끝나고 기분 좋게 집에 들어갔는데, 부모님이 소파에 앉아 있었다. 엄마가 말을 꺼냈다.

"기말고사 준비는 잘 돼가?"

중간고사 끝난 지도 얼마 되지 않았는데, 무슨 시험 이야기람. 엄마의 진지한 표정이 거슬렸다. 잔소리가 시작될 거라는 사인이었다. 그냥 방으로 들어가려니까 엄마가 불러 세웠다.

"이리 와서 앉아봐."

"아, 왜~"

나는 어정쩡하게 서 있었다. 앉으면 이야기가 길어질 테니까.

"중간고사는 운이 좋았을 뿐이야. 다시 기말고사 목표를 세우고, 확실하게 해서 성적이 올라야 그게 진짜 실력이 늘었다는 것을 입증하는 거야."

엄마는 내 표정은 아랑곳하지 않고 하고 싶은 말을 마저 했다.

"그러려면, 지금부터 목표를 다시 더 높게 잡고 더 세게 공부를 시작해야 해."

성적이 조금 오르니까, 또 너무 기대를 해 버리네. 부모님은 너무 근거 없는 희망을 갖고 밀어붙일 태세다. 아, 너무 한다는 느낌과 함께 짜증이 확 올라왔다.

"중간고사 끝난 지 얼마 안 됐는데 좀 쉬면 안 돼?"

"공부는 흐름이 끊기면 안 되잖아. 하기 시작할 때 습관을 잘 잡아서 쭉 가야지."

"엄마가 뭘 알아. 그런 말 하니까 더 공부하기 싫어. 공부는 나한테 맞지도 않고 너무 힘들다구."

나는 소리를 질러 버렸다. 아빠는 엄마한테 무슨 말버릇이냐며 야단을 쳤다. 결국 엄마와 아빠랑 말싸움을 하고 말았다.

방에 들어와서도 화가 가라앉지 않아서 아무것도 하고 싶지 않았다. 내일 해야 할 일도 생각하기 싫었다. 마음이 불편하고 짜증이 나서 다시 게임을 했다. 역시 게임을 하니까 부모님도 학교도 공부도 다 잊을 수 있었다.

내가 알아서 조금씩 하고 있었는데, 왜 공부하라고 시키는 거야. 그러니까 하기 싫어지잖아. 난 누가 하라고 하면 더 하기 싫어지는 성향이 강하다. 이런 생각도 자려고 누워서야 들었다. 그 전까지는 화가 나서 아무 생각도 없었는데.

상위 0.1퍼센트 사람들의 학습 비밀

"오늘은 상위 0.1퍼센트 학습자의 이야기를 하려고 해."

혜진 샘이 말했다.

상위 0.1퍼센트? 나와는 상관없는 이야기잖아. 근데 샘이 우리를 기죽이려고 강의할 것 같진 않은데. 아, 내가 샘을 믿는 건가, 하는 생각이 스쳐갔다.

"자, 상위 0.1퍼센트라고 하니까 혹시 너희들과 전혀 상관없는 얘기라고 생각하는 거 아냐?"

아이들이 피식거렸다. 혜진 샘이 아이들의 표정을 보며 미소 지었다.

"EBS 다큐멘터리에서 상위 0.1퍼센트 학습자의 비밀을 밝혀 냈어. 그리고 평균적 학습자와는 어떤 차이가 있는지도 알아

냈지. 과연 어떤 차이가 있을까?"

혜진 샘이 잠시 말을 멈추었다.

"놀라지 마. 조사 결과 상위 0.1퍼센트 학습자와 평균적 학습자는 근본 능력에 별 차이가 없었어."

근데 왜 결과는 그렇게 크게 다른 거지? 혜진 샘이 조사 결과를 알려 주었다.

첫째, 지능의 차이는 크지 않았다.

둘째, 기억력, 연산력의 차이도 크지 않았다.

셋째, 부모의 경제력 차이도 생각만큼 크지 않았다.

그러면 어디에서 차이가 생겼을까? 상위 0.1퍼센트 학습자는 다음과 같은 특성이 있었다.

첫째, 자신이 알고 있는 것과 모르는 것이 무엇인지를 분명하게 아는 메타인지를 활용했다.

둘째, 수업에 최대한 집중하고 낮 동안 복습했다.

셋째, 부모와 대화를 나누고 긍정적으로 받아들였다.

샘은 성적의 차이를 만든 세 가지 비밀에 대해서 자세하게 설명했다. 그럼 이 세 가지를 키우면 성적도 좋아진다는 거지?

1. 메타인지

메타인지는 생각을 해 보고, 그 생각이 맞는지 다시 점검해 보고, 또 지난 경험을 떠올려서 '그때 왜 그렇게 했을까?' 하고 분석해 보는 거야.

잘했던 점과 아쉬운 점, 그리고 다음엔 어떻게 하면 더 나을지를 스스로 찾아 보는 과정이지. 상위권의 학습자는 이런 식으로 요령을 익히고, 차이를 느끼고, 비결을 찾고, 교훈을 얻어 실력을 향상시키는 거야.

2. 복습

우리가 복습을 하는 이유는 중요한 내용을 오래 기억하기 위해서야. 복습할 때 한꺼번에 많은 걸 외우려 하지 말고 세 가지 포인트를 기억해.

첫째, 배운 것을 떠올리기
둘째, 말로 설명하기

이 3단계를 반복하면, 잠깐의 기억이 아니라 장기 기억으로 바꿀 수 있어. 많은 걸 외우려 하기보다 정말 중요한 내용을 확실히 자기 것으로 만들기! 그게 가장 똑똑한 복습 방법이야.

3. 부모님과의 긍정적 대화

부모님과의 긍정적인 대화는 부모님의 노력도 필요하지만, 그 말을 듣는 나의 태도와 마음가짐도 중요해. 부모님의 말이 항상 옳은 건 아니지만, 그 안에는 종종 도움이 되는 좋은 이야기도 섞여 있으니까. 또 어떤 말은 마음에 들지 않아도, 나를 걱정하고 사랑하는 마음이 담겨 있기도 하잖니. 그래서 부모님의 말을 무조건 반박하거나 피하기보다, '이 말 속에 어떤 마음이 있을까?' 하고 한 번 더 생각해 보는 게 좋아. 부모님과 관계가 좋으면, 내 마음이 튼튼해지니까.

그걸 누가 모르나요? 소리 내어 말하고 싶었다. 부모님과 늘 좋은 관계라면, 당연히 힘이 나겠지. 우리에게만 이해하라고 하기 전에 부모님도 말조심하고 우리를 존중해 줘야 하는 거 아냐. 이런 강의는 우리한테만 할 것이 아니라 부모님에게도 해야 한다고요.

"이 내용 중에서 메타인지와 복습에 관해서는 배웠지? 근데 부모님과 긍정적 대화가 필요하다는 이야기는 수긍하기 어려운 친구들도 많을 거야. 오늘도 엄마에게 짜증내고 학교 온 친구들도 있을 테니까."

혜진 샘이 아픈 데를 콕 집어서 말했다.

"조만간 부모님들 모시고 설명회를 열려고 해. 그 자리에서 이 프로젝트의 성격과 그간의 과정에 대해 설명도 드릴 거야."

앗, 내 생각을 들었을 리는 없는데… 아무튼 우리에게만 부모님 말을 이해하라고 하니까 억울했는데 다행이다 싶었다. 부모님에게 좋은 이야기 좀 많이 해 주세요. 쓸데없는 잔소리와 기대는 도움이 안 된다고도 해 주시구요.

　어떤 일이든 누가 시켜서 하면 이상하게 더 하기 싫어진다. 특히 옆에서 계속 잔소리를 하면 집중이 안 되고, 괜히 반항하고 싶은 마음까지 생긴다. 하지만 내가 스스로 하고 싶다고 느낄 때는 상황이 다르다. 즐겁게 집중해서 시간도 빨리 지나간다. 그래서 하고 싶은 마음이 들 때까지 조금만 기다려 주면 좋은데, 부모님은 그걸 못 참고 잔소리부터 한다. 그러면 기분이 상하고, 결국 더 하기 싫어진다.

　이처럼 시켜서 억지로 하는 것과 스스로 하는 것에는 큰 차이가 있다. 아, 근데 내가 이런 생각까지 하다니, 조금 놀랍다. 생각난 걸 수첩에 적어 볼까? 어떤 차이가 있지?

첫째, 시켜서 하면 시키는 것 외에는 더 하고 싶지 않다. 스스로 하는 것이 아니니까 흥이 나지 않는다. 시킨 만큼만 해도 다행이다. 사실은 시킨 것을 다 하기도 싫다.

둘째, 시켜서 하게 되면 생각할 것이 없다. 시키는 사람의 생각대로 하는 것이니까. 반면, 스스로 행동하는 사람들은 자신이 생각해서 움직인다. 자신의 생각이 있고, 그 생각대로 선택하고 행동하는 것이다.

셋째, 시켜서 하는 사람들은 이미 정해진 틀 안에서 주어진 일만 하고, 새로운 무언가를 생각하거나 찾아내려고 하지 않는다. 그러나 스스로 하는 사람들은 자료도 자신이 찾고, 원하는 것을 만들고, 정리도 본인이 한다. 훨씬 더 능동적이다.

넷째, 시켜서 하는 사람들은 중요한지 아닌지를 따질 필요도 없다. 시킨 사람을 만족시키는 것만 중요하다. 하지만 스스로 하는 사람은 다르다. 중요한지, 아닌지를 따지고 우선순위를 정한다. 그 다음 무엇을 해야 하는지, 얼마나 할 것인지를 생각하고 조절한다.

다섯째, 시켜서 하는 것에 익숙해지면 시키는 사람에게 의존하게 된다. 독립심이 없어진다. 생각하기 싫어지고, 책임지기도 싫어진다. 시킨 사람이 책임져야지, 내가 왜 책임을 져야 하나 그런 마음이 든다.

부모님이나 선생님이 시켜서 했는데, 그게 잘되거나 좋은 결과가 있으면, 어른들은 자기 말 잘 들어서 그런 거라며 앞으로도 말을 잘 들으라고 이야기할 게 뻔하다. 어쨌든 내가 한 건데, 어른들은 자기가 지시한 덕에 그런 결과가 나왔다는 거다. 그런 이야기를 듣는 건 기분이 좋지 않다.

물론 스스로 하는 것이 쉽지 않고, 스스로 하겠다는 마음이 잘 들지 않기도 한다. 그래도 시키는 대로 하고 싶지는 않다. 그러면 어쩌자는 거냐고 하겠지만, 마음이 그렇다는 것이다.

모든 일을 스스로 잘하는 것은 모두가 바라는 일이다. 나도 바란다. 하지만 그런 습관이나 생활방식이 생기고, 스스로 많은 것을 알아서 할 줄 알게 되면 어른이지 아이는 아니지 않을까.

시간과 연습이 필요하고, 스스로 하고 싶은 마음이 생길 수 있는 방법을 아는 것도 필요하다. 일단 생각은 그렇다는 것이다.

스스로 하는 사람들은 무엇이 다를까?

"'자기주도적'이라는 말 들어 봤지?"

아이들이 고개를 끄덕였다.

"설명해 볼 사람?"

혜진 샘의 질문에 한 아이가 작은 목소리로 대답했다.

"시켜서 하지 않고 스스로 하는 거요."

"맞아, 오늘은 '자기주도성'에 대해 잠깐 이야기하려고 해."

오늘의 단어는 '자기주도성'이구나. 전에 자기주도 학습이란 말을 많이 들었다. 그거 때문에 엄마에게 야단도 많이 맞았으니까. 쉽게 말해서 스스로 공부하란 거였다. 하지만 스스로 하기까지는 넘어야 할 게 너무 많다. 무엇보다 내가 하고 싶은 마음이 들어야 하는데 그게 어디 쉬운가.

심리학자 에드워드 데시는 사람들을 행동으로 이끄는 동기를 두 가지로 나눴어.

1. 내적 동기 : 스스로 하고 싶어서 하는 마음

그냥 궁금해서, 배우고 싶어서, 실력을 키우고 싶어서 하는 행동을 말해. 특별한 보상 없이도 스스로 노력하게 만드는 힘인 거야.

2. 외적 동기 : 보상이나 칭찬 때문에 하는 마음

용돈을 받으려고, 점수를 잘 받으려고, 부모님에게 칭찬받으려고 공부하는 행동을 말해.

이처럼 어떤 일을 할 때 스스로 하는 사람이 있고, 보상을 받으려고 하는 사람이 있어.

에드워드 데시는 내적 동기에 특히 주목했어. 그는 사람들이 뜻밖에 호기심과 흥미가 많고, 배우고 싶어 하는 존재라는 걸 발견했지. 심지어 어떤 목표를 이루기 위해 스스로 시간을 투자하고 노력하기도 한다는 거야.

결국 중요한 것은, 타고난 내적 동기를 어떻게 잘 키워 가느냐에 달려 있어. 교육학자 셀레스텡 프레네도 학생에게 가장 중요한 것은 '모색과 시도'라고 했어. 우리 안에 있는 알고 싶고, 해 보고 싶은 마음을 주변 환경이 잘 받아 주면 성장과 발달에 중요한 동력이 된다는 거야.

에드워드 데시는 이러한 내적 동기가 잘 유지되려면, 다음 세 가지가 필요하다고 했어.

유능감 : 잘하고 있다는 느낌

자율성 : 스스로 하고 있다는 느낌

관계성 : 사람들이 지지해 주고 있다는 느낌

그리고 이런 느낌이 잘 유지되도록 하는 주변 환경이 중요하다는 거야.

내적 동기가 높은 사람은 우리가 흔히 이야기하는 자기주도적 학습자와 거의 같은 의미야. 스스로 결정하고 주도적으로 해내는 사람에게 유능감과 자율성, 관계성은 매우 중요한 힘이 되지. 이 세 가지는 성장의 영양분처럼, 여러분이 더 멀리 나아가도록 도와 줘.

자, 그러면 여러분이 유능감을 갖기 위해 가장 효과적인 학습법은 다음 중 무엇일까?

1. 다시 읽기
2. 형광펜으로 표시하기
3. 기억해 내기
4. 개념도 만들기

바로 기억해 내기야. 결국 우리가 배우고 익혀서 써먹으려면 우리 뇌 안에 기록이 되어 있어야 해. 그래서 우리는 기억하고 있는지 계속 확인해야 하는 거지.

기억을 불러 내는 과정이 기억을 더 강화하고, 자주 기억에서 불러 내고 활용하고, 친구에게 말해 보는 과정을 거치면 그 기억은 자신의 지식이 되는 거야.

한번 쉬어 갈까?

벌써 175쪽까지 읽었네. 한번 쉬어 갈까? 지금까지 읽으면서 어떤 내용이 가장 마음속에, 기억 속에 남았을까?

세 가지만 적어 보자.

1.

2.

3.

　이번 주 모임에서 혜진 샘은 특정한 과제를 주지 않고 갑자기 토론을 하자고 했다. 주제는 '포기'였다.

　"한 번도 포기란 걸 안 해 본 사람은 없을 거야. 물론 나도 해 봤지. 그런데 우리는 왜 포기를 할까? 이번 시간엔 포기한 경험이 있는 친구들의 이야기를 들어 보자."

　샘이 제안한 토론 주제가 지금 상황에 딱 맞는다는 생각이 들었다. 곧 기말고사가 다가오고 이 프로젝트를 시작한 지도 어느덧 3개월이 지나 있었다. 그래선지 처음에 가졌던 호기심도, 한번 해 볼까 하는 열정도 약해지고 있었다. 성적이 조금 나아지긴 했지만, 이 정도 가지고 뭘 할 수 있을지 의심스럽기도 했으니까.

“우리는 어떨 때 하기 싫어지고, 하기 싫어지는 단계를 지나 안 해 버리기로 마음을 먹을까?”

포기해 버리고 싶은 마음은 더 이상 힘들게 버티고 싶지 않아서다. 더 이상 하지 않으면 편하게 지낼 거 같아서 포기하게 된다. 순간의 쾌락이라고나 할까.

“너희들은 언제 포기하고 싶어지니?”

샘의 질문에 아이들이 각각 대답했다.

“힘들거나 잘하지 못할 것 같으면 포기해요.”

“비교당하거나 기대에 맞추지 못할 것 같으면 포기해요.”

“보상이 없거나, 끝까지 못할 것 같으면 포기해요.”

친구들이 포기하는 이유가 이렇게 많았다니. 아이들은 저마다 포기했던 경험들을 이야기했고, 샘은 아주 짧게 ‘포기’에 대한 강의를 해 주었다.

“포기하는 아이들에 대해 연구한 게 있어. 그 결과를 바탕으로 간단하게 설명해 볼게. 아이들은 왜 포기할까?

첫째, 너무 잘해야 한다고 생각하면 포기하기 쉬워. 너희들한테 1등 하라고 하면 하겠어? 안 하겠지. 그러니까 너무 높은 목표가 아니라, 약간 높은 목표 정도가 좋아.

둘째, 비교하면 포기하기 쉬워. 그러니까 비교하는 마음을 갖지 말고 자기의 길만 생각해야 해. 남보다 잘하려고 하는 게 아니라 내가 나아지기 위해 노력하는 거지.

셋째, 너무 힘들면, 포기하기 쉽지. 그래서 조금 힘들 정도의 목표에 도전해야 해. 밤새고 공부하라면 시작조차 안 하겠지만, 저녁 때 두 시간 정도 해 보라고 하면 시도해 보겠지?

넷째, 실패할 것이 뻔하다고 생각하는 사람에게는 먼저 성공 경험이 필요해. 그러니까 가급적 성공할 만한 계획이나 목표를 세워야 하는 거야.

우리 모두 포기하지 않으려면 참고 이겨내는 마음의 힘이 필요해. 그 인내심을 키우기 위해 몇 가지 필요한 것들이 있는데, 그건 복사물을 나눠 줄 테니 모두 한 번 읽어 봤으면 좋겠다.”

샘은 강의를 마무리하면서, 내용을 정리하고 싶었는지 나를 지목하면서 말했다.

“동준아, 오늘 샘이 한 이야기를 한번 정리할 수 있겠니? 그냥 생각나는 대로.”

샘이 계속 강조한 내용이라 어려울 것도 없었다.

너무 높은 목표를 잡지 않기.

내 목표에 집중하고, 다른 친구들은 신경 쓰지 않기.

너무 쉬운 단계에 머물지 말고

어려운 것에 매달리지도 말자.

성공할 수 있다는 마음을 가지자.

"이렇게 정리하면 되죠?"

샘이 깜짝 놀라는 표정을 지었다.

"와~~ 너는 이제 성공의 원리를 터득해가고 있구나."

엄청난 칭찬에 어깨가 으쓱했다. 오늘 샘이 한 이야기는 나도 이미 웬만큼 터득한 것들이라고요.

중꺾마라는 말을 아니?

"꽃길만 걷고 싶지?"

의사 샘이 너희 마음 다 안다는 듯이 말했다.

맞아요, 꽃길만 걷고 싶죠.

"하지만 인생에는 힘든 일이 찾아오고, 괴롭고, 또 견뎌야 하는 시간이 찾아오지. 그런 상황을 이겨내는 데 필요한 정신이 있어. 바로 '중꺾마'야. 이것을 '회복탄력성'이라고 부르기도 해."

《티처스 강의》

중꺾마가 무슨 뜻인지 알고 있지? 너희가 좋아하는 프

로게이머 김혁규 선수Deft가 한 이야기인데, 팀이 어려운 상황에 있어도 '**중**요한 것은 **꺾**이지 않는 **마음**'이라고 해서 화제가 되었어.

바로 힘들어도 해내는 마음을 일명 '중꺾마'라고 하는데, 이 말을 학술 용어로 하면 회복탄력성Resilience이라고 해. 그러니까 힘든 일을 겪고 다시 회복하는 힘을 말하는 거야.

힘든 상황에도 잘 견디고 이겨 내려면 어떻게 해야 할까? 여기에 필요한 세 가지가 있어.

첫째, 감정 조절을 잘하고

둘째, 도와 줄 친구들이 많고

셋째, 긍정적인 마음을 유지하는 것

자, 이 세 가지에 대한 여러분의 생각을 적어 볼까?

1. 화났을 때 마음을 달래는 세 가지 방법은?

①

②

③

2. 내가 힘들 때 나를 도와 줄 친구 3명은 누구일까?

①

②

③

3. 마음이 힘들 때 위로가 되는 세 가지는? 단어, 문장, 노래,

사진 등등 떠오르는 것을 적어 보자.

①

②

③

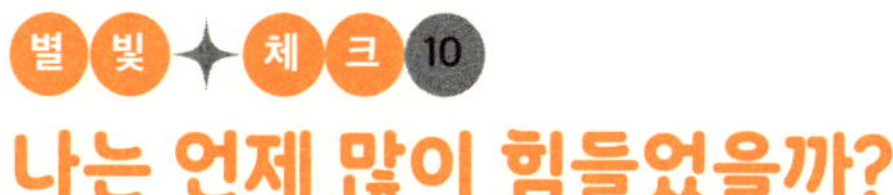

나는 언제 많이 힘들었을까?

때로는 너무 힘들어서 포기하고 싶었던 순간들이 있었을 거야. 그때의 상황과 감정, 그리고 그걸 이겨내기 위해 어떤 노력을 했는지 한번 써 보자.

쓰다 보면 '아, 나 진짜 열심히 버텼구나' 하고 느끼게 될 거야. 그리고 그때도 해냈다면, 앞으로 또 어려움이 와도 충분히 이겨낼 수 있다고 마음을 다져 보자.

1. 가장 힘들었을 때

힘들었던 일: ________________________________

그 당시 감정: ________________________________

나의 노력: ________________________________

2. 두 번째로 힘들었을 때

힘들었던 일: _______________________________________

그 당시 감정: _______________________________________

나의 노력: ____

3. 세 번째로 힘들었을 때

힘들었던 일: _______________________________________

그 당시 감정: _______________________________________

나의 노력: ____

7장

"나는 나이며, 나라서 괜찮다"

책을 읽는 사람이 되었다

이 프로젝트에 참여하고 3개월이 지났다. 그간 나에게 어떤 변화가 일어났을까. 먼저 나를 보는 주변 사람들의 시선이 달라졌다. 부모님은 공부하는 내 자세가 달라졌다고 느껴선지 자주 웃었고, 담임 샘도 수업시간에 달라진 나의 태도에 흡족해했다.

내가 나 자신을 봐도 확실히 달라졌다. 생각을 하고, 글을 쓰고, 진지해졌으며, 내가 한 약속을 꽤 지키는 사람이 되었다. 무엇보다 질문을 할 줄 알게 되었고, 그 질문에 답을 찾기 시작했다는 것이다.

나는 어떤 사람일까?

나는 무얼 바라는 사람일까?

나의 꿈은 무엇인가?

이런 질문에 다른 아이들은 어떻게 답할까 궁금해졌고, 부모님과 선생님을 포함해 나보다 앞서 산 사람들은 이런 질문에 뭐라고 대답할지 물어 보고 싶어졌다. 그래서일까, 책을 읽고 싶다는 마음이 생겼다. 놀라운 일이다. 책은 늘 고리타분한 사람들이 읽는 것이라고 생각해왔는데 왜 갑자기 이런 생각이 든 것일까. 내친 김에 도서관을 찾아가 사서 샘에게 이런저런 질문을 했다.

샘, 다른 애들은 무슨 책을 많이 읽어요?
샘은 책을 읽고 답을 찾은 적이 있어요?
자기 자신에 대한 궁금증이 생길 때 뭘 읽으면 돼요?

사서 샘은 뜻밖에도 진지하게 답을 해 주었다.
"좋은 질문을 많이 하는구나. 책 속에 길이 있다는 말 들어 봤지? 넌 그 길에 들어선 거야. 축하해. 아이들이 많이 읽는 책 중에 하나는 독일 작가 헤르만 헤세가 쓴 《데미안》이야. 자신의 작은 세계를 깨고 나오는 이야기지."

샘은 《데미안》을 찾아 가지고 오더니, 한 구절을 보여 주었다. 아주 유명한 구절이라고 했다.

"새는 알에서 나오려고 투쟁한다. 알은 세계다. 태어나려는 자는 하나의 세계를 깨뜨려야 한다. 새는 신에게로 날아간다. 그 신의 이름은 아브락사스다."

딱 꼬집어 말할 순 없지만 멋있는 말 같았다. 하나의 세계를 깨뜨려야 한다니, 내가 새로운 변화를 겪으면서 느끼던 알 수 없는 감정과도 연결되는 기분이었다.

알,
세계,
태어남,
깨뜨림,
신.

내가 진정한 나를 찾아서 어디론가 가고 있다는 느낌을 받았는데, 그런 마음과 연결되는 것 같아서 《데미안》을 읽어 보기로 했다.

도서관에 가서 책을 빌려온 나를 보고 친구들이 엄청 놀렸다. 냄비 받침이 필요하냐? 연애를 시작했냐? 논술을 시작했냐? 진짜로 읽을 생각이냐?

친구들의 짓궂은 놀림을 받았지만, 아랑곳하지 않고 읽기 시작했다. 내용이 많이 어려웠고, 과연 다 읽을 수 있을까 싶기도 했다. 무슨 말인지 몰라도 계속 책장을 넘겨서 결국 다 읽었다. 내 생애 처음으로 책을 추천받아 끝까지 읽어 본 첫 책이 생긴 거다. 역사에 남을 일 아닌가.

무슨 이야기인지는 사실 정확히 모르겠다. 나는 그냥 한 권을 다 읽었다는 것에 만족한다. 그러기로 했다. 하지만 바로 다른 책을 또 읽자고 하면, 지금 당장은 안 할 거고 좀 쉬었다가 읽을 것이다. 하하하.

이 프로젝트를 하면서 만난 친구들 중에 좋은 변화를 보이는 몇 명이 있다. 어느 날 그 친구들과 모여서 이런저런 이야기를 하다가 꿈이 무엇인지로 대화가 이어졌다.

나는 조종사가 되고 싶다.
나는 경찰이 되기로 했다.
나는 게임 개발자가 될 거다.

네 명이 모였는데, 세 친구는 다 꿈이 있었다. 무엇을 해야 할지 헷갈리고 꿈을 정하지 못한 사람은 나밖에 없었다. 갑자기 소외감이 느껴졌다. 너희들은 다 하고 싶은 게 있구나. 원래 시험 성적대로 갈 곳을 정하는 거 아냐? 하고 싶은 것을 하고 사는 거였어?

나는 여태껏 시험 성적대로 인생을 사는 건 줄 알았다. 공부를 못하는 내가 무언가가 될 수 있다는 생각은 하기 어려웠다. 그래서 꿈이란 말조차 부담스러워서 피한 것인지도 모른다. 그리고 다들 그렇게 사는 줄 알았다.

문득 혜진 샘이 해 준 이야기가 기억났다.

"공부를 못하는 것은 도와 줄 수 있는데, 꿈이 없는 것은 도와 줄 수 없어. 꿈은 자신이 찾아야 해. 꿈을 대신 꾸어 줄 수는 없으니까."

그래, 나에게 잘 어울리는 꿈을 찾는 것이 제일 중요할지도 몰라.

내 꿈은 뭐지?

꿈을 어떻게 갖지?

난 뭘 하고 싶은 걸까?

"의사가 되고 싶어" 하면 모두 좋은 꿈이라고 할 거다. 하지만 남들이 좋아하는 것을 무작정 따라 하면 내 꿈이라고 할 수 없지 않을까? 그럼 어떻게 나에게 맞는 꿈을 찾을 수 있지? 도무지 알 수가 없어서 마음이 답답해졌다.

무엇보다 내가 뭘 잘하는지, 무얼 좋아하는지를 잘 모르겠다는 생각이 들었다. 실마리라도 찾고 싶어서 혜진 샘을 찾아갔다.

"샘, 특별상담 좀 해 주세요."

혜진 샘을 찾아가 다짜고짜 말했다. 샘은 상담하러 왔다는 게 기특했는지, 미소 지으며 편하게 말해 보라고 했다.

"뭘 하고 싶은지 잘 모르겠어요. 어렸을 때부터 뭘 특별히 잘하거나 무엇이 정말 좋다, 이런 게 없었어요. 그리고 뭐가 되고 싶다는 생각은 아예 해 본 적이 없고요. 근데 애들은 하고 싶은 게 다 있다는 거예요."

"잘 생각해 봐, 스쳐 지나간 거라도. 해 보고 싶었던 게 없었어?"

혜진 샘의 질문에 나는 잠깐 생각했다.

"예전에 축구선수나 프로게이머가 멋져 보여서 해 보고 싶었어요. 그리고 연예인이 되어서 돈 많이 벌고 싶었지만 제겐 그런 재주도 없고, 그렇게 사는 것도 싫더라고요. 죽도록 연습하고, 사생활에 자유도 없고. 그래서 그냥 회사에서 월급 좀 많이 받고 그러는 정도면 괜찮지 않을까 하는 생각도 해 봤어요. 사람들은 어떻게 꿈을 갖고 미래를 생각할까요?"

샘이 환하게 웃으면서 말했다.

"진짜 알을 깨고 나오나 보다, 우리 동준이. 이렇게 구체적인 방식으로 자신의 미래를 생각하기 시작하다니. 일단 선생님에게 특별히 질문해 줘서 고맙네. 그리고 네가 진심으로 솔직하게 고민해 줘서 고마워. 어떤 애들은 대충 말하고 더는 생각을 하지 않던데. 네가 진지하게 고민하는 걸 보니 자랑스럽다."

으음… 나는 괴로운데 자랑스럽다니.

"지금부터 아주 빠른 시간 안에 너무 어렵지 않게 이야기를 해 보자!!"

"답을 찾을 수 있는 거죠?"

"물론이지. 자신의 흥미와 방향을 찾는 것이 어려운 일만은 아니야. 왜냐하면 네가 이미 살아오면서 좋아하는 것, 싫은 것, 잘한 것, 잘하지 못한 것, 또 익숙한 것, 익숙하지 않은 것들이 있을 거야. 그걸 잘 정리하면서 생각해 보면 되거든."

"전 그걸 잘 모르겠어요."

"자기 자신을 깊이 이해하는 것이 쉬운 일은 아니지. 그것도 연습이 필요하거든. 관심 분야나 방향, 진로에 대해 생각하다 보면 어렵지 않게 알 수 있을 거야."

꼭 그렇게 되고 싶었다. 꿈이 있는 친구들은 눈빛이나 공부 태도가 나와 달라 보였으니까. 더 힘이 있달까?

"자, 쉽게 생각해 보자. 일단 수학, 과학 싫어서 이과 안 갈 거고, 그치?"

"맞아요, 하하하."

"그럼 문과 쪽인데, 어학은 안 좋아하고 그치?"

"맞아요. 전 어학, 문학 다 싫어요."

"으음, 그럼 철학 같은 인문학이나 사회학 좋아해?"

"아니요. 전 그런 과목이나 분야가 뭐하는 건지도 몰라요."

"그럼 네가 하고 싶은 것은 뭐냐고 물으면, 그냥 회사 다니고 돈 많이 버는 거라고 할 거지?"

"맞아요."

"그냥 게임하는 데 방해 안 받고, 친구랑 놀면서 그렇게 사는 데 큰 지장 없으면 되는 거지?"

"네… 하하하, 정확히 아시네요. 요즘 뭘 해야 하나 그런 생각을 해 보지만, 아직은 그냥 회사 다니면서 돈 번다, 공무원은 싫다, 그런 정도예요."

"그런 경우 보통 경영학을 지망해서 가지. 물론 경영학도 여러 분야가 있지만…"

"아, 경영학을 배우면 회사에 잘 들어갈 수 있는 거군요."

"근데, 요즘 좋은 회사에 들어가는 게 쉽지 않아. 취직도 쉽지 않고."

"아 그래요. 그동안 제가 자신을 너무 모르고 산 거 같네요. 조금 더 생각을 해 볼게요."

선생님과 대화하고 나서, 나는 나에 대해 제대로 생각해 본 적이 없다는 걸 알게 되었다. 알을 깨고 나오는 일은 쉬운 일이 아니구나. 괜히 나왔나 싶기도 하다. 그래도 이번 대화에서 깨달은 것이 있다.

너무 복잡하게 생각하거나,

너무 추상적으로 생각하지 말자.

그 동안 내가 좋아하고, 잘한 거를 떠올리면서

내가 원하는 것이 무엇인지를 정리해 보자.

재능도 중요하고, 열정도 중요하지만, 자신을 알고, 자신에 대한 자신감을 갖는 것이 더 중요하다는 생각이 들었다. 무엇보다 나 자신을 모르면 그 어떤 선택도 할 수 없으니까.

정체성이란 무엇일까?

"자, 오늘의 단어를 말해 볼게. 바로 '자아정체감'이야. 내가 누구인지, 어떤 사람인지를 이해하고, 앞으로 어떤 사람이 될지 생각하는 것, 바로 이것이 자아정체감이란다."

아, 요즘 나의 고민과 통하네. 진로 고민으로 샘을 만나서 나눈 이야기가 생각났다. 혜진 샘의 10분 강의는 오늘도 진지하게 생각할 거리를 던져 준다.

《티처스 강의》

심리학자 에릭 에릭슨은 청소년 시기의 가장 중요한 과

제를 '자아정체감 형성'이라고 말했어. 말이 좀 어렵지? 쉽게 말해서 청소년이 되면 '나는 어떤 사람일까?' '앞으로 어떤 사람이 되고 싶은가?'를 좀더 진지하게 고민하게 된다는 거야.

그러니까 너희 나이엔 '내 성격은 어떤지, 뭘 좋아하는지, 어떤 일을 하고 싶은지, 어떤 삶을 살고 싶은지, 사랑은 뭔지' 같은 것들이 자연스럽게 궁금해져. 그리고 조금씩 스스로 책임지고 살아가는 연습도 시작한다는 거지.

그렇다고 해서 이 시기에 나 자신에 대해 모든 걸 완벽히 알아야 한다는 건 아니야. 지금은 단지 나에 대해 생각해 보고, 여러 경험을 해 보면서, '아, 나는 이런 사람이구나' 하고 퍼즐 맞추듯 나를 알아가면 되는 거야. 이렇게 조금씩 조금씩 알아가다 보면, 나중에는 '나는 어떤 사람인가'에 대한 답을 찾을 수 있게 되는 거야.

어쩌면 시험공부보다 더 중요한 일이라고 할 수 있어. 왜냐하면 내가 어떤 사람인지 알아야 내 꿈도 찾고, 어떤 직업을 갖고 싶은지도 생각할 수 있고, 나중에 어떻게 혼자서 살아갈지도 준비할 수 있으니까.

자아정체감을 잘 만들어가기 위해 가장 중요한 건, 진지하게 나 자신에 대해 생각해 보는 거야. 그러니까 나만의 장점과 특성을 알아가고, 그걸 바탕으로 자신감을 가지고 미래를 선택해 나가는 것이 바로 자아정체감을 만드는 과정이야.

그런데 자아정체감이 잘 형성되지 않으면 어떤 일이 일어날까?

먼저 나에 대해 잘 모르니까 무엇을 해야 할지 헷갈리고, '이게 맞나?' 하는 불안한 마음이 커질 수 있어. 그러다 보니 남이 시키는 대로 움직이기 쉬워지고, 스스로 선택하거나 책임지는 일이 어렵게 느껴질 수 있지.

또 어떤 친구들은 그런 혼란 때문에 방황하거나 해야 할 일을 미루고, 시간을 그냥 흘려보내는 경우도 있어. 그게 꼭 잘못은 아니지만, 내가 정말 원하는 게 뭔지 모르면 길을 찾는 데 시간이 더 오래 걸릴 수 있다는 거야.

우리가 자아정체감을 잘 만들어가려면, 다음 세 가지가 필요해.

자신감 : 자신을 믿는 것

진지함 : 진지하게 정말 자신에 대해 생각해 보는 것

주변 어른과의 대화 : 나를 잘 아는 어른들의 진심어린 조언과 충고를 듣는 것

그래서 자신을 믿고, 내가 진짜 원하는 꿈이 무엇인지 찾아 보고, 내 삶에서 바라는 것들을 정리해 보는 것이 정말 중요해. 그리고 이런 고민들을 가족이나 친구, 선생님과 솔직하게 이야기해 보는 것도 큰 도움이 되지. 이런 과정 모두가 바로 청소년기에 꼭 필요한 '진짜 인생공부'라고 할 수 있어.

자아정체감을 잘 만들어가는 친구들은 조금 불안하고 걱정되는 순간이 있어도 잘 헤쳐 나가. 진로도 스스로 선택하고, 꾸준히 노력하면서 꿈을 향해 나아가지, 너희들처럼!!

혹시 이 과정에서 불안이 찾아오면 이 시를 한번 떠올려 보렴. 심리치료사이자 작가인 버지니아 사티어의 시인데, 여러분에게 큰 용기를 줄 거야.

나는 나다

세상 어느 곳에도 나와 똑같은 사람은 존재하지 않는다.

나와 비슷한 부분을 가진 사람은 있어도

나와 완전히 똑같은 사람은 없다.

따라서 나로부터 나오는 모든 것은 나 스스로 선택한 것이

기에

진정으로 나의 것이다.

나의 모든 것은 나의 소유이다.

내 몸과 내 몸이 하는 모든 것

내 정신과 그 정신 속에서 일어나는 모든 생각과 사상들

내 눈과 내 눈이 보는 모든 형상들

분노, 기쁨, 절망, 사랑, 실망, 환희 등 내가 느끼는 모든 감정들

내 입과 그곳에서 나오는 정중하거나 달콤하거나 거칠거나 옳

거나 틀린 모든 말들

크거나 나지막한 내 목소리

나 자신이나 다른 사람에게 하는 나의 모든 행동들

나의 환상, 나의 꿈, 나의 희망, 나의 두려움은 나의 소유이다.

내가 이룬 모든 승리와 성공, 모든 실패와 실수도 나의 소유이다.

나의 모든 것이 나의 소유이기 때문에

나는 나 자신과 친해질 수 있다.

그렇게 함으로써 나는 나를 사랑할 수 있고

나의 모든 부분과 친해질 수 있다.

그때 나의 모든 것이 내 최고의 관심사에 헌신하도록 만들 수

있다.

나의 어떤 면은 나를 당황시키고,

또 나에 대해 내가 모르는 면이 있다는 것을 나는 안다.

그러나 내가 나를 친절하고 다정하게 대하는 한

나는 용기와 희망을 가지고 그 부분들을 해결해 나갈 수 있고

나 자신에 대해 더 많은 것들을 알아낼 수 있다.

어떤 특정한 순간에 내가 어떻게 보이고 들리는가,

무엇을 말하고 행동하는가,

무엇을 생각하고 느끼는가가 곧 나이다.

그것이 나의 진정한 모습이며, 그 순간 내가 어디에 있는가를

상징한다.

시간이 지난 후에

내가 어떻게 보이고 들렸는가,

무엇을 말하고 행동했는가,

그리고 무엇을 생각하고 느꼈는가를 되돌아보면

어떤 부분은 알맞지 않았던 것으로 밝혀질 수 있다.

그 알맞지 않은 부분은 버릴 수 있고

알맞다고 증명된 부분은 그대로 간직할 수 있다.

그리고 버린 부분 대신 새로운 것을 만들어낼 수 있다.

나는 보고, 듣고, 느끼고, 생각하고, 말하고, 행동할 수 있다.

나는 생존하고, 타인에게 가까이 다가가고, 생산적이 되고,

내 둘레의 사람들과 일들을 지각하고 이해할 수 있는 도구를

가지고 있다.

나는 나의 주인이며, 따라서 나는 나를 조절할 수 있다.

나는 나이며, 나라서 괜찮다.

- 버지니아 사티어 〈나는 나다〉

내 꿈은 어떻게 변해왔을까?

나의 꿈은 무엇일까? 이런 질문을 하면 막막하게 느껴질 수 있어. 꿈은 갑자기 딱! 하고 떠오르는 게 아니라, 천천히 찾아가는 것이니까.

어렸을 때 나는 무엇이 되고 싶었지? 그냥 멋져 보여서, 재미있어 보여서, 누가 칭찬해 줘서 선택했던 꿈일 수도 있어. 그 꿈을 떠올리고 적어 보자.

자라면서 내 꿈은 어떻게 바뀌었을까? 예를 들어, 어릴 땐 가수가 되고 싶었는데, 지금은 음악 만드는 게 더 좋아질 수도 있어. 이처럼 꿈이 바뀌는 과정을 적어 보면 좋아.

왜냐하면 그 안에는 내가 꾸준히 좋아해온 것이 숨어 있을 수 있기 때문이야. 나의 꿈에 대해 천천히, 솔직하게 적어 보자.

1. 어렸을 때 하고 싶었던 일

2. 자라면서 하고 싶었던 일

3. 내가 이루고 싶은 꿈은?

　어느새 뜨거운 여름이 다가오면서, 한 학기도 거의 끝나가고 있다. 내 방에는 여러 개의 수첩, 복사물과 내가 쓴 글들이 여기저기 정리되지 않은 채 쌓여 있다. 예전 내 책상에 놓인 것은 여드름 패치, 거울, 향수였는데, 지금은 수첩, 볼펜, 책, 복사물이라니, 참 많이 달라졌다.

　중간고사는 기대하지 않았는데, 결과가 좋았다. 그래서 기말고사는 모두가 기대를 하는 것 같다. 물론 나도 기대가 생겼다. 더 성적이 오를까? 싶은. 이런 일은 처음이다. 근데 문제는 이런 기대가 부담이 되기 시작했다는 거다.

　기대만큼 해내야 한다는 부담이 생기자, 짜증과 불안이 일었다. 그리고 긴장된다고 할까. 마치 스포츠 선수들이 긴장하면

몸이 굳는 것처럼, 나도 경직되는 것 같았다.

결과가 좋지 않으면, 주위에서 또 뭐라고 놀리려나. "그러면 그렇지, 한 번의 쇼였지 뭐." "재수가 좋았던 거지." "운빨이야." 이런 이야기를 할 것이 뻔하다. 중간고사 전까지만 해도 아무 생각 없이, 샘들의 가르침에 따르고 약속만 지키면 되었다. 그런데 기대에 대한 부담이 생기고 나서는 불안이 커지면서 잡생각이 많아졌다.

나는 성적이 조금 오른 것 가지고도 부담이 되는데, 다른 사람들은 이런 부담을 어떻게 견디지? 멘탈이 진짜 대단하다는 생각도 들었다.

맞다. 샘들은 멘탈 관리가 필요하다고 했던 거 같다. 멘탈 관리는 거창한 게 아니라 생활을 잘 관리해서 일상의 루틴이 잘 돌아가게 만드는 데서 시작된다고도 했다.

그리고 짜증나는 이야기이지만, 훈련을 더 많이 하면 된다고 한다. 그러고 보면 그냥 아무 생각하지 않고 꾸준히 해간다는 것이 쉬운 일이 아니구나, 하는 생각이 들었다.

대학입시가 끝나면 수석자 인터뷰에서 자주 나오는 말이 있다.

"저는 그냥 평소 하던 대로 했어요. 도서관도 늘 가던 시간에 갔고, 힘들면 조금만 하고 괜찮은 날엔 더 많이 했어요. 중요한 건 일상의 리듬을 깨지 않는 것이었어요. 그게 오늘의 결과를 가져왔습니다."

수석을 한 사람들과 나는 저 멀리 있는 별과 지금 내 자리만큼 거리가 있지만, 그래도 어떻게든 조금이라도 움직여서 나아가야겠지.

부담을 견디고,
속도와 방향을 잊지 않고,
꾸준히 하는 힘.

멘탈을 관리하면서 가야겠지. 부담은 되지만, 잘하는 사람 신경 쓰지 않고 나도 내 속도대로 해 봐야겠어. 더 특별히 잘 해야겠다고 생각하지 않고, 내 방식으로 계속하는 거지. 내가 하던 대로.

너의 잠재력은 충분하다!

　한 학기 동안 한주에 한 번씩 이뤄지던 샘들의 강의와 질문, 만남이 끝나가고 있었다.

　아이들은 샘들이 편안해진 모양이다. 강의 시작 전에 한 아이가 대담하게 물었다.

　"공부를 이제 이렇게 시작해서 잘할 수가 있을까요? 저에게도 가능성이란 것이 있는지 어떻게 알 수 있을까요?"

　혜진 샘이 미소를 지었다.

　"정말 좋은 질문이다. 실제로 어떨 거 같아? 지금부터 노력하면 무언가 될 것 같아, 안 될 거 같아?"

　질문한 아이는 긍정의 신호를 받고 싶은 거다. 당연히 넌 할 수 있어,라는 신호 말이다. 나 역시 그러니까.

“뒤늦게 시작하거나, 어려움에 부딪힌 사람들이 자신의 잠재성, 가능성을 발견해나간 성공 사례는 셀 수 없이 많아. 세계적인 건축가 안도 다다오라고 들어 봤니? 그 사람은 고등학생 때 복싱 선수였는데, 나중에 혼자 공부해서 세계적인 건축가가 되었어.”

복싱하느라 공부할 시간도 없었을 텐데 전혀 다른 분야인 건축가로 성공했다니 놀라웠다. 그것도 혼자 힘으로 말이다.

“《히든 포텐셜》이라는 책이 있어. ‘숨겨진 잠재성’이라는 뜻이야. 이 책에서는 재능보다 품성이 더 중요하고, 체면보다 용기가 더 중요하다고 말해.

힘들고 어려운 순간이 왔을 때, 그 사람의 진짜 모습이 드러난다고 하지. 이때 중요한 건 공부를 잘하느냐, 재능이 많으냐가 아니야.

오히려 친화력(사람들과 잘 어울리는 힘), 주도성(먼저 해 보려는 태도), 자제력(감정을 조절하는 힘), 결심(끝까지 해 보려는 마음) 같은 태도와 성향이 훨씬 큰 힘이 된다고 해.

그리고 성장하는 사람들의 공통점이 있는데, 체면이나 실패를 두려워하지 않는다는 거야. 서툴러도 해 보고, 실수해도 다시 일어나고, 불편하고 어색해도 계속 도전하는 거지. 그런 용기를 가진 사람들이 결국 자신 안에 숨겨져 있던 가능성을 현실로 바꾸는 거야."

재능보다 품성
체면보다 용기가 중요하다.

"성공을 원한다면, 자신에게 가능성이 있다고 믿는 것, 창피와 모욕을 두려워하지 않고 도전하는 것, 동시에 잠재력을 알아봐 주고 도와 주는 좋은 선생님이나 코치를 만나는 것이 중요하다고 짚었어."

나도 가능성, 잠재성이 있는 거겠지? 어쨌든 나도 조금씩 변화했잖아.

"사실 이 프로젝트를 시작할 때 초대된 사람은 너희만 있었던 게 아니야. 더 많은 학생들을 초대했지. 하지만 그들은 이 기회를 활용하지 못했어. 아마 너희들의 변화를 보고 속으로는 엄청 후회하고 있을지도 모르지. 아니면 너희들이 사서 고생하고 있다고, 별 효과가 없기를 바라며 비난거리를 찾고 있을지도 몰라. 자신들이 용기가 없었다는 것을 말하기 어려워하면서 말이야."

아, 기회가 왔을 때 어떤 선택을 하느냐에 따라 결과는 엄청나게 달라지는구나. 실제로 중간에 나가 버린 한 친구는 요즘 나를 부러워하는 눈치다. 성적도 오르고, 샘들이 날 보는 눈도 달라지니까 그럴 만도 하지.

"자, 정리해 보자. 너희가 만일 스스로의 가능성을 믿고 포기하지 않는 좋은 품성을 가지고 있고, 좋은 기회가 왔을 때 놓치지 않는다면, 너희의 잠재력은 충분히 발휘될 거야.

좋은 선생님들은 이 자리에도 있고, 무언가를 열심히 하겠다는 아이들을 도와 줄 좋은 어른들도 많이 계시니까. 중요한 건 뭐다? 바로 너희의 결단이야."

드디어 기말고사가 2주 앞으로 다가왔다. 시험을 대하는 내 마음자세도 전과 달라졌다. 시험 같은 건 세상에서 없어져 버렸으면 좋겠다고 짜증내던 내가 '시험은 한 걸음 더 나아갈 수 있는 기회'라고 생각하게 되었으니까. 루틴으로 하던 일상에 더해 시험 계획을 짜서 공부하기 시작했다.

밤늦게까지 공부하다가 잠드는 날이 조금 늘었다. 그런 일도 내 인생에 생기다니, 놀라운 일이다. 어제 밤에도 늦게까지 공부하다 깜빡 잠이 들었는데, 엄마가 와서 침대에 가서 자라고 따뜻하게 말했다. 그리고 오늘 아침 머리를 긁적이며 일어나 보니 책상에 큰 메모가 있었다.

동준아, 네가 변한 모습과 태도만으로도 엄마와 아빠는 감사하고 만족해하고 있단다. 넌 충분히 잘하고 있어. 우리 멋진 동준이. 네가 최선을 다하고 있는 모습에 너무 자랑스럽고 기분이 좋아. 너무 무리하지 마라, 우린 널 믿는다!

처음에는 폭풍감동이 몰아쳐 울컥하더니, 갑자기 왜 이러지 하는 생각이 들었다. 날 시험하는 건가, 무슨 심경의 변화가 있는 건가, 좀 의심스럽기도 했다.

아침을 먹으면서 엄마에게 물었다.

"엄마 왜 그래? 왜 갑자기 칭찬, 격려 모드로 바뀐 거야?"

"엄마가 곰곰이 생각해 보고 유튜브도 보고 그랬는데, '요즘 애들 참 힘들겠다' 하는 생각이 들었어. 어떤 정신과 의사의 유튜브를 봤는데 그게 많이 도움이 됐어, 널 이해하는 데…"

"누군데?"

엄마가 보여 준 유튜브를 보니, 우리 프로젝트를 같이 하고 있는 그 의사 샘이었다. 세상이 이렇게 좁다니, 놀라운 일이었다.

엄마가 다정하게 말했다.

"엄마가 시대가 달라진 걸 이해해야 했는데, 네가 그 정도면 이미 최선을 다하고 있다는 걸 알아야 했는데. 유튜브를 보면서 깨달았단다. 더 잘하라고 하는 것이 부모 욕심이지 너에게 큰 도움이 안 된다는 걸. 늦겠다, 어서 먹고 가야지."

웬일이야, 이제는 절제까지 하면서 말을 먼저 멈추다니. 이런 엄마가 아닌데. 잔소리 계속 듣는 게 지겨워서 "나 밥 그만 먹을래" 하면서 내가 뛰쳐나가야 되는데, 엄마가 말을 먼저 멈추다니 놀라운 일이었다.

학교를 가면서 기분이 좋았다. 나만 변한 것이 아니라 엄마와 아빠도 변하고 있다.

왜 내게 변화가 왔을까?

이제 몇 번 남지 않은 의사 샘의 10분 강의. 오늘의 주제는 '변화'이다. 그러고 보니 이번 학기에는 정말 많은 변화가 나에게 찾아왔다. 처음엔 좀 낯설고 버거웠지만, 지나고 보니 참 신기하기만 하다. 아무튼 변화는 나를 다른 세계로 데려다 주었다. 전에는 상상도 하지 못했던 세계로.

《티처스 강의》

사람들은 어떨 때 변할까? 정말 변하지 않을 것만 같은 사람들도 어떤 상황을 겪고 변하는 경우를 종종 보게 돼. 과연 그 사람에게 무슨 일이 있었던 것일까? 우리나라에서는 《계층이동의 사다리》로 번역된 책의 저자 루비 페인은 사람들이 네 가지 이유로 변한다고 했어.

첫째, 괴롭고 고통스러운 상황을 겪었을 때
둘째, 기꺼이 도와 주는 사람이 옆에 있을 때
셋째, 어떤 영향으로 목표가 생길 때
넷째, 나에게 진짜로 재능이 있다고 느낄 때

너희는 이번 프로젝트를 하면서 작게라도 어떤 변화가 있었니? 혹시 변화가 있었다면 수첩에 적어 보면 좋을 거 같아.

루비 페인은 우리가 성공적인 변화를 하기 위해서는 두 가지 필요한 것이 있는데, 바로 교육과 관계라고 했어. 가르침과 배움의 과정에서 일어나는 다양한 관계들이 변화를 이끌어낸다는 거야.

예를 들어 이번 프로젝트에서 나와 혜진 샘은 너희와 함께 가르치고 배우는 과정이 일어났어. 너희는 친구들과도 서로 돕는 관계를 만들며 스스로 변화하기 위해 노력했지. 이런 배움과 관계 맺기가 바로 한 사람의 변화를 만들어가는 데 정말 중요한 역할을 한다는 거야.

어때? 너희는 이번 프로젝트에서 좋은 교육과 관계 맺기를 했다고 생각하니?

요즘 '사회정서학습'이 유행하는데, 선구적인 역할을 한 정신과 의사 제임스 코머 역시 관계의 중요성을 강조했어.

"의미 있는 관계 없이 의미 있는 배움 없다"고 강조했거든. 쉽게 말해서, 사람과 사람 사이의 관계가 의미 있을 때, 그 속에서 배우는 것도 진짜로 마음에 남는다는 거야. 예를 들어 좋은 선생님이나 친구와 함께 배운 것은 오래 기억에 남는다는 거야. 그 관계가 의미 있었기 때문이지.

프레네 교육으로 한국을 여러 번 방문했던 올리비에 프랑콤은 이런 말을 했어.

"학생이 어려워하는 일도 해낼 수 있도록 도와 줄 때 교사는 진짜 역할을 하는 것이다."

어때? 너희는 이번 과정에서 그동안 하지 못하던 것을 해 봤거나, 불가능이라고 생각했던 것이 가능해진 것이 있니?

8장

'성장하는 삶'을 가져다준 수첩의 기적

두둥~ 프로젝트
최고의 상은 누구?

기말고사도 끝났다. 이제 이번 학기의 프로젝트를 마치고 파티를 한다고 했다. 시험도 끝난 데다 파티라고 하니 마음이 들떴다. 마치 무슨 임무 수행을 마치고 축하하는 자리 같았다. 아이들의 밝은 얼굴을 보니, 기분이 더 좋아졌다.

이 프로젝트에서 만난 아이들은 서로 다른 반이어서인지 서로 경쟁하는 느낌이 없었다. 그냥 뭔가 같은 일을 함께 하고 있는 동지 같다고나 할까.

프로젝트에 참석하는 아이들을 보면서, 많은 걸 느꼈다. 모두 이렇게 변할 수도 있구나, 별다른 거 안 하고 성실히 한두 가지만 해도 이렇게 달라질 수 있다는 걸 알게 되었다. 처음에 표정이 엄청 시큰둥하더니 끝날 때쯤에는 곧잘 웃는 아이도 있었다.

옆에 아이한테 물어 봤다.

“요즘 우리 부모님이 전과 달리 엄청 잘해 줘. 심지어 게임할 때도 뭐라 안 하는데, 너도 그러냐?”

“나도 좀 그래. 좀 말랑해지셨다고나 할까.”

또 다른 아이가 끼어들었다.

“우리 부모님도 그래. 미안하다고도 해. 너한테 필요한 맞춤형 도움이 있었는데, 그걸 못해 주었구나, 하더라고.”

“맞춤형 도움?”

“아, 나는 샘들이 연결해 준 다른 프로그램에 참여하기도 했어. 내가 주의력에 문제가 있다고 해서 주의력 수업을 받았거든.”

“어 그랬구나.”

그 옆에 아이가 끼어들었다.

“나는 정리하는 요령이 부족하다고 해서, 정리 수업에 참여했어. 너는 따로 도움 안 받았어?”

“난 특별히 안 받았는데, 아이 이거 뭐야…”

마침 샘이 들어왔다.

“샘, 다른 아이들은 다 개별로 뭔가 도움을 받았다는데, 저는 아무것도 더 안 도와 주시고 너무한 거 아니에요?”

나는 반쯤 투정부리듯이 물었다.

“동준이 너는 별 어려움이 없었던 거 같은데. 질문도 자주
하고, 내용 정리도 제법 잘 했잖니. 또 편지도 스스로 더 쓰고,
그 정도면 충분한 거야. 아 참, 너는 개별적으로 진로지도도 했
잖아? 회사원?”

샘이 웃으며 말하자, 나도 히죽 웃었다.

아, 그랬구나. 샘에게 인정 받은 것 같아서 내심 뿌듯했다.

의사 샘과 학습 지원 담당 샘 두세 분이 더 와서 파티가 시
작되었다. 파티라고 해서 노는 자리가 아니라, 그동안의 멋진 변
화를 칭찬하고 격려하는 시간이었다. 닭살 돋는 멘트도 있었지
만 싫지만은 않았다. 그리고 드디어 시상 순서가 왔다. 아이들
은 상 이름이 뭐고 상품도 있는지에 대해 서로 웅성거렸다. 의
사 샘이 말했다.

“최고의 상이라고 생각하는 건, 일취월장상이야. 일취월장
이란 나날이 발전하는 걸 말해. 계속 발전하는 거니까 가장 멋
지지. 일취월장 베스트 3명을 투표로 정하자.”

아니 투표로? 샘들이 정해서 줄 거라고 생각했는데 뜻밖이
었다.

"너희들도 느낌으로나 소문으로나 다 알잖아, 하하하."

아이들은 기대감 속에서 투표를 시작했고, 드디어 발표에 이르렀다.

결과적으로 나는 이 프로젝트에 참여한 20여 명의 아이들 중 가장 많이 변한 3명 중 하나로 뽑혔다. 제일 많이 변한 세 사람 중 하나라니. 갑자기 이 상이 가장 좋다는 느낌이 들었다. 제일 잘한 아이보다 가장 많이 노력하고 변한 아이에게 주는 상! 제일 잘해서가 아니라 가장 노력해서 받을 수 있는 상도 있다니, 계단을 즐겁게 오르는 내 모습이 그려졌다.

교장 샘 이름까지 새겨진 상장을 받으며 폼 나게 수여식을 했다. 상품은 무려 다음 학기 또래 지도자로 활동할 수 있는 자격증과 도서상품권이었다. 아쉽게도 게임 머니로 전환할 수 없는 순수한 도서상품권이었다. 예전 같으면 '에이, 게임 머니로 환전 가능한 것으로 주지' 하고 아쉬워했을 텐데 지금은 그런 마음까지 들지는 않았다.

이 도서상품권으로 내 생애 두 번째 책을 골라 처음부터 끝까지 다 읽고 독후감까지 쓰는 일에 도전해 봐야지, 라는 기막힌 생각이 들었다.

제일 흐뭇한 것은 내 노력을 인정받았고, 그 결과가 지금 내

눈앞에 있다는 것이다. 물론 나는 여전히 공부 잘하는 아이 그룹에 속하지 않는다. 하지만 나는 이제 노력하는 아이 그룹에 속하는 사람이 되었다.

앞으로도 잘하는 그룹에 속하지 않을 수도 있지만, 나는 생각하고 최선을 다해 노력하면서 내 인생을 소중히 여길 생각이다. 나는 나다. 나의 길을 잘 가고 싶다.

우리 프로젝트가 성공한 이유

혜진 샘의 마지막 강의다. 마지막이라 생각하니, 지난 시간들이 스쳐 지나갔다. 프로젝트를 할까 말까 망설이던 순간부터 성공을 경험하고 뿌듯했던 모든 순간들이.

《티처스 강의》

마지막으로 전해 주고 싶은 이야기가 있어. 잘 들어 봐.

이번 프로젝트가 성공하게 된 가장 큰 요인은 너희가 잘 참여하고 노력한 덕분이야. 나도 이 프로젝트를 처음 시도한 거라 부족한 게 많았는데, 그동안 함께 노력해 줘서 정말 고마워.

방금 내가 너희에게 우리 프로젝트가 성공했고, 성공의 원인을 너희 노력 덕분이라고 했어. 이렇게 우리 행동에 대한 원인을 설명하고 추론하는 것을 귀인 이론이라고 해.

재밌는 것은 이 이론에 의하면, 우리 행동에 대한 원인을 어떻게 이야기하느냐에 따라 이 행동에 대한 우리의 마음가짐이나 결과가 달라진다는 거야.

예를 들어, 시험을 잘 봤을 때, '자신의 노력 덕분'(내적 귀인)이라고 생각하는 사람이 '시험이 쉬웠기 때문'(외적 귀인)이라고 생각하는 사람보다 계속 노력할 수 있다는 거야.

자신에게 좋지 않은 일이 생겼을 때, 이것이 자신의 노력 부족 탓보다는 복잡한 상황에서 원인을 찾는 것이 더 좋은 과정이라고도 하지.

쉽게 말해서, 좋은 일은 자신의 노력에서 원인을 찾고, 좋지 않은 일은 복잡한 상황에서 그 원인을 찾으면 우리가 쉽게 포기하지 않고 노력을 지속할 수 있다는 말이야.

그러니 꼭 기억하렴. 좋은 일이 생기면 너희의 노력이 빛을 발한 거라 생각하고, 나쁜 일이 생기면 복잡한 요인들 때문에 생겼다고 생각하는 거지. 그래서 너희가 하고자 하는 마음이 잘 유지되고 더 발전하기를 바랄게.

전체 모임이 끝난 뒤, 두 샘과 단독 만남이 있다는 이야기를 들었다. 약속된 시간에 두 샘을 만나니, 정말 반가웠다. 이제 진짜 프로젝트의 마지막 단계라는 생각이 들어서였을까.

의사 샘이 물었다.

"그동안 너에게 어떤 변화가 있었다고 생각하니?"

"으음… 아무 생각 없이 살다가 약간 생각하게 되고, 무언가를 쓰는 습관을 갖게 되었어요. 그리고 어떤 일을 할 때 무작정 하지 않고 방법을 생각하게 된 것 같아요."

혜진 샘이 미소 띤 얼굴로 말했다.

"그렇구나. 사실 생각을 하게 된 것, 손으로 직접 써 보는 습관이 생긴 것, 요령이나 비결 그리고 교훈을 배우게 된 것은 평생 살아가면서 꼭 필요한, 진짜 중요한 삶의 기술들이야. 네가 그걸 익히게 된 거야. 정말 좋은 일이야.”

혜진 샘의 입가는 웃고 있는데, 눈가에 물기가 번지는 듯 보였다. 내가 정말 대견한 건가.

“네가 이런 태도와 기술을 익히게 된 배경은 그래도 네가 아주 중요한 덕목을 기본적으로 가지고 있어서 그랬던 것 같아. 선생님들의 제안을 믿고 성실하게 따라 준 것, 또 낙관적인 것, 그리고 한 가지 더 추가하자면 너만의 속도로, 네가 생각하는 방향으로 나아가는 힘이 너에게 있었던 거야. 그러니까 좋은 힘이 이미 네 안에 많이 있었던 거지.”

“그래요? 진짜 그래요?”

“그럼 진짜지.”

“지금 샘이 말씀하신 것 적어도 되나요?”

정말 오래도록 기억하고 싶었다. 내가 그렇게 힘 있는 사람이라니, 능력 있는 사람이라니, 샘의 말로 인증하고 싶었다.

“성실, 협력, 낙관, 자신을 믿는 마음, 자신만의 목표, 이런 것이 저에게 있었다는 거죠?”

“그래 맞아. 앞으로 꾸준히 이런 태도로 나간다면, 아마 지금보다 더 크게 성장하게 될 거야. 공부가 아니더라도, 너는 변화를 만드는 지혜와 의지를 갖게 된 거지."

"지혜와 의지… 참 좋은 칭찬을 해 주셔서 고맙습니다. 지혜롭게, 제 삶의 의지를 갖고 앞으로도 잘 해나갈게요."

나 스스로도 놀랐다. 내가 이런 인사를 할 줄이야.

"와… 그렇게 말하니 진짜 어른이 다 된 것 같구나, 하하하. 너의 성장을 축하한다. 성공보다 더 중요한 것은 성장한 것일 수도 있지. 심지어 실패 속에서 성장하는 사람들도 많단다. 실패에 굴복하지만 않으면 말이야. 그리고 성장하는 사람만이 많은 걸 이룬단다. 한꺼번에 너무 많은 말을 한 것 같네. 너와 이런 이야기를 나눌 수 있어서 기뻐."

의사 샘은 날 흐뭇하게 바라보며 말했다.

"이번 1학기 과정을 잘 성찰하고 그것을 잘 정리하면 좋겠어. 너의 메타인지 능력이 특히 많이 성장한 것 같아."

"메타인지라는 말을 많이 듣긴 했는데, 선생님이 저에게 그 말을 써 주시다니 좀 놀라운데요."

"지혜, 메타인지, 좀 다른 말이지만 비슷한 차원의 의미를 모두 담고 있다고 봐."

나의 정신 수준이 업그레이드 된 것 같은 뿌듯함을 느꼈다.

"생각에 관한 생각이라고 하는 메타인지는 자기 생각을 성찰하고 평가하는 힘, 그리고 그에 따라 조절하고 조정하는 능력, 실행해 나가는 힘에 사용되는데… 넌 메타인지가 특히 발달한 것 같아. 생각, 질문, 답을 스스로 찾아나가는 힘이 진짜 많이 성장했단다."

내 능력의 키가 쑥 자란 것 같아 어깨가 으쓱했다.

"네 알겠습니다, 하하하. 이제 더 이야기하면 약간 머리가 터질 수도 있을 것 같아요. 한 학기 방법을 가르쳐 주시고 이끌어 주셨으니, 다음 학기도 더 발전할 수 있도록 많이 도와 주세요."

의사 샘이 나를 잠시 바라보더니 말했다.

"음… 이번 학기처럼 운영되는 프로젝트는 끝을 내야 할 것 같아. 하지만 너희들이 어떻게 성장하는지를 살피고 토론하는 시간을 만들도록 할게. 아마도 그때가 오면 동준이는 다른 친구들을 위한 멘토링이나 또래 상담가로 추천을 받을 것 같긴 하다."

"네? 상담가요? 제가 어떻게 그런 일을 해요?"

이제 겨우 걸음마를 뗀 내가 누굴 도울 수 있을까. 의사 샘이 웃으며 말했다.

"너야말로 적임자야. 프로젝트 과정을 차근차근 잘 밟아왔으니까. 그냥 다른 친구들에게 네 경험을 나누면 돼."

또래 상담가라니, 내가 누굴 가르칠 수도 있다고? 이건 정말 믿기지 않는 일이다. 뭐든 끌려가듯 하던 내가 스스로 뭔가를 하고 이젠 누군가에게 도움이 될 일까지 할 수도 있다니, 갑자기 훌쩍 어른이 된 듯도 했다.

두 분 샘은 국어, 영어, 수학을 가르쳐 준 적은 없다. 그냥 몇 가지 인생의 습관과 태도에 대해 말해 주었을 뿐이다. 잘하라고 하지도 않았고, 열심히 하라고 하지도 않았다. 숙제를 많이 내 준 적도 없고, 한심하다는 눈으로 보지도 않았다. 친해진 뒤 이를 무기로 압박해서 잘해 보라고 부담을 준 적도 없었다. 다만 할 수 있는 것만 하라며 격려해 주었고, 조금이라도 해내면 칭찬해 주었다.

무엇보다 혼내지 않고 비난하지 않는 것이 참 좋았다. 그리고 나의 관점과 태도에 대해 많은 이야기를 나눌 수 있어 좋았다. 똑같은 일에 대해서도 관점이 바뀌면 해석이 달라지고, 그러면 태도가 바뀐다. 그걸 생각하게 했고, 스스로 선택할 수 있는

시간을 주었다. 그런 과정 속에서 나는 존중받고 있다는 기분이
들었다.

관점과 태도의 변화,

존중받고 있다는 느낌.

이런 것이 진짜 나를 달라지게 하고 성장으로 이끈 큰 전환
점이다.

엄마나 다른 샘들에게도 이 노하우를 알려주고 싶었다. 하
지만 그분들을 가르치려 한다는 오해가 생길 수 있어서 꾹 참
았다.

두 번째로 고른 책은 《꼴찌에게 보내는 갈채》이다. 《데미안》에 이어 이 책을 고른 이유는 순전히 제목 때문이다.

박완서라는 돌아가신 작가분의 수필인데, 분량이 그리 길지 않아서 좋았다. 순식간에 읽었고, 독후감을 간략히 써 봤다.

다른 이유로 달리는 인생에서 꼴찌란 없다
- 모두가 박수를 받아야 한다

우리 인생에서 일등은 과연 있기는 한 걸까? 사실 특정 경기에서 일등과 꼴찌라는 것이 정해지긴 하지만, 인생이라는 과정에서는 큰 의미가 없다.

왜냐하면 다 다른 방식으로 제각각의 삶을 살고 있기 때문이다. 똑같은 삶이 아닌데 등수를 매긴다는 것은 불가능한 것 아닐까.

인생은 마라톤 경주가 아니다. 또한 각자의 행복은 비교할 수 있는 것이 아니다. 공부도 자신이 필요한 만큼 하고 자신의 꿈에 따라 다르게 할 수 있다.

그러므로 꿈을 정하는 것이 더 중요하다. 꿈을 찾기 위해 할 수 있는 일을 하다 보니 공부를 하게 된 경우도 수없이 많다. 비록 난 꿈이 없었고, 특별히 공부를 잘하겠다는 생각도 없었다. 하지만 내 삶을 살기 위해 필요한 공부를 하기로 하면서, 여러 가지가 달라지기 시작했다.

사실 이 글은 후배들을 위한 멘토, 또래 활동 지원가에 지망하기 위해 쓰기 시작했다. 아직 완성하지는 않았다.

내가 가장 하고 싶었던 이야기는 이거다.

자신의 삶을 살기 위해

스스로 생각하며 사는 삶은 성장하는 삶이다.

인생에는 일등과 꼴찌가 없으며

저마다의 목표를 가지고 작은 변화를 시작하는

우리는 갈채를 받을 자격이 있다.

상상해 보자. 마라톤에서 1등과 2등, 그리고 3등 선수가 결정되는 순간에 순위권 안에 들지 않는 선수들이 모두 뛰지 않는다면 마라톤 경기는 어떻게 될까? 아마도 보는 이의 입장에서 무언가 감동이 덜할 것이다.

하지만 다행히도 현실에서는 마지막 주자까지 특별한 문제가 없는 한 최선을 다해 결승점을 향해 뛴다. 1등을 하기 위해 마라톤을 달리는 사람은 전체 선수들 중 소수일 뿐이다.

마라톤 경주에는 자신과의 약속으로 뛰는 사람, 이전보다 나은 결과를 얻기 위해 뛰는 사람, 사랑하는 사람과의 약속을 지키기 위해 뛰는 사람 등등 1등만이 목표가 아니라 저마다의 의미를 품고 달린다. 그러므로 경주에 참여해서 끝까지 달리는 모든 선수들은 다 인정받고 존중받아야 한다.

박완서 선생님이 쓴 《꼴찌에게 보내는 갈채》는 제목만으로도 큰 격려가 되었다. 한 가지 잣대로 평가받는 현실을 벗어나 꼴찌일지라도 열심히 뛰고 있는 누군가를 이해해 주었다.

순위권에서 벗어났음에도 불구하고 현재 뛰고 있는 그 선수들에 대해 박완서 선생님은 이렇게 말했다.

"그는 괴롭고 고독하지만 위대하다는 걸 알아야 했다."

"또 끝까지 달려서 골인한 꼴찌 주자도 좋아하게 될 것 같다. 그 무서운 고통과 고독을 이긴 의지력 때문에."

선생님의 멋진 말처럼 그렇게 괴롭거나 고독하지 않지만, 힘들고 버겁고 외로운 것은 사실이다. 그러므로 제각각의 인생을 준비하는 모든 청소년들에게 격려와 지지, 응원은 필수이다.

칭찬도 필수이다. 인정도 필수이다. 그래서 청소년들이 꿈을 잃지 않게 하는 것, 그것이 어른들, 사회가 해야 할 일이지 않을까.

청소년들과 함께 희망을 만드는 어른과의 작업, 작은 수첩 하나에서 시작한 프로젝트는 나에게 새로운 심장이 뛰는 것 같은 기쁨을 안겨 주었다.

그 경험이 오늘도 나를 성장하게 한다.

승리는 다른 누군가를 제치고 올라서서 누리기 때문에 가치 있고 벅찬 것이 아니다. 자신의 극한을 넘어서야만 도달할 수 있는 것이기 때문에 값지다. 자신과의 싸움에서 이긴 사람이라면 누구나 챔피언이다. 그 싸움에서 이겨본 사람은 안다. 승리는 사는 동안 무엇이든 불가능을 가능으로 만들 수 있다는 믿음을 선사한다.

이에리사 님이 《안톤의 여름》이라는 소설을 소개하면서 쓴 글입니다. 너무 멋진 글이라, 특히 청소년들에게 들려주고 싶은 이야기라, 이 글귀를 자주 인용합니다.

이 책을 다 읽었다면, 여러분은 이미 성장의 가능성을 충분히 갖고 있다고 할 수 있습니다. 그래서 여러분의 메타인지가 성장하게 된다면, 여러분의 성취는 예견된 것이라 할 수 있습니다.

유명한 심리학자 마틴 셀리그만과 안젤라 더크워스의 2005년 공동연구에서, 지능보다 메타인지 능력이 학업성취도에 더 중요한 영향을 준다고 입증한 바 있습니다. 즉, 머리가 좋은 것보다 스스로를 얼마나 잘 다스리는지가 청소년의 미래에 중요한 요소라는 것이지요.

여러분, 자신을 잘 다스리며 삶에 주인이 된다는 것은 생각보다 쉬운 일이 아닙니다. 놀고 싶어 하고 어리광 피우는 자신을 잘 달래면서, 자신의 삶을 향해 돛대를 올리고 나아가야 하니까요. 그러나 그 출발을 할 수 있다면 우리 모두는 챔피언입니다.

자기를 이기는 경험을 통해 삶을 조절하고 타인과 의미 있는 관계를 맺을 수 있다면 여러분은 믿을 만한 청년이 되어가는 것입니다.

여러분은 마음과 생각, 그리고 행동을 통해 자신의 삶을 스스로 만들어가기 시작했습니다. 바로 자기 삶의 주인으로 살아가기 위한 첫걸음을 내딛은 거지요. 그런 여러분을 응원합니다. 자신을 믿고 멋지게 나아가기 바랍니다!

으랏차차, 파이팅!

생각해 봤어?
동준이의 잠든 메타인지를 깨운 수첩의 비밀

초판 1쇄 인쇄 2025년 12월 16일
초판 1쇄 발행 2025년 12월 23일

지은이 | 김현수

발행인 | 박재호
주간 | 김선경
편집팀 | 허지희
마케팅팀 | 김용범

디자인 | 형태와내용사이
교정교열 | 구해진
종이 | 세종페이퍼
인쇄 · 제본 | 한영문화사

발행처 | 생각학교
출판신고 | 제25100-2011-000321호
주소 | 서울시 마포구 양화로 156(동교동) LG 팰리스 814호
전화 | 02-334-7932 팩스 | 02-334-7933
전자우편 | 3347932@gmail.com

ⓒ 김현수 2025

ISBN 979-11-93811-69-6 (03180)